本论文集为中国社会科学院创新工程"文化政治学的谱系研究"与中国社会科学院与俄罗斯人文科学基金会共同资助课题"中俄合作的哲学基础"阶段性成果，同时作为中国社会科学院大学哲学学院的学术研究成果。

中国社会科学院·中俄文化研究书系

我们究竟应该在何种意义上
谈论民族哲学

李河　[俄罗斯]А.Н. 丘马科夫◎主编

祖春明◎执行主编

中国社会科学出版社

图书在版编目（CIP）数据

我们究竟应该在何种意义上谈论民族哲学／李河，（俄罗斯）A. H.
丘马科夫主编 . —北京：中国社会科学出版社，2021.6
（中国社会科学院. 中俄文化研究书系）
ISBN 978 – 7 – 5203 – 6467 – 6

Ⅰ. ①我…　Ⅱ. ①李…②A…　Ⅲ. ①哲学—文集　Ⅳ. ①BB – 53

中国版本图书馆 CIP 数据核字（2020）第 077456 号

出 版 人　赵剑英
责任编辑　喻　苗
责任校对　季　静
责任印制　王　超

出　　　版　中国社会科学出版社
社　　　址　北京鼓楼西大街甲 158 号
邮　　　编　100720
网　　　址　http://www.csspw.cn
发 行 部　010 – 84083685
门 市 部　010 – 84029450
经　　　销　新华书店及其他书店

印　　　刷　北京明恒达印务有限公司
装　　　订　廊坊市广阳区广增装订厂
版　　　次　2021 年 6 月第 1 版
印　　　次　2021 年 6 月第 1 次印刷

开　　　本　710 × 1000　1/16
印　　　张　10.75
字　　　数　112 千字
定　　　价　56.00 元

目　　录

俄罗斯哲学研究的两个维度[*]

徐凤林

（北京大学哲学系）

关于俄罗斯哲学的研究，无论在俄罗斯，在西方还是在中国，早已有哲学家、哲学史家和学者做了大量工作，积累了丰富的思想和学术资料。既有对某些哲学家思想主题的个别研究，也不乏各种版本的俄国哲学史系统著作。然而，什么是俄罗斯哲学？有没有独创性的俄罗斯哲学？是"俄罗斯哲学"还是"哲学在俄罗斯"？这些问题却仍然是颇有争议性的问题。本文试图从研究方法论的角度对此略做探讨。

显然，俄罗斯哲学作为一种思想现象的存在，是一个无疑的事实，问题只在于如何理解这一概念的具体含义。笔者认为，对俄罗斯哲学可以有两个不同的观察角度或思维向度，即文化学维度和一般哲学维度。这两个研究维度分别属

---

 * 本文全文发表于《浙江学刊》2007 年第 5 期，这里节选了其中的主要部分。

于两个不同的研究领域，具有不同的研究对象、研究宗旨、研究方法和研究问题。在这两种不同的视域下，俄罗斯哲学呈现出两种不同的思想形态和精神面貌。

一　文化学维度

我们可以把俄罗斯哲学作为俄罗斯文化的一个组成部分来进行研究。这就是我们所说的文化学维度。

在文化学维度中，俄罗斯哲学的研究领域是外国文化研究这一大的门类的一部分，即俄罗斯研究。在外语和国际关系学科中有时把这类研究叫作国别学。在西方也往往把对俄罗斯哲学的研究归属于斯拉夫学这一大的文化史研究学科之内。与这一维度的俄罗斯哲学研究相并列的是对俄罗斯社会文化的其他组成部分的研究，包括俄罗斯精神文化（俄罗斯文学、神话、宗教、艺术）、俄罗斯社会文化（道德、法律、政治）和俄罗斯工艺文化（技术、科学、工程），等等。

文化学维度的俄罗斯哲学研究对象是作为俄罗斯文化现象的俄罗斯哲学。这一对象具有两个特点，第一，社会历史性。这一研究所侧重的不是"在俄罗斯的一般哲学问题"，而是"俄罗斯的哲学"，重音在"俄罗斯"。当然，这不是说这种哲学只为俄罗斯所独自拥有，而是要研究在俄罗斯特定文化和社会历史条件下，俄罗斯哲学家所进行的哲学思考——俄罗斯哲学是怎样产生的，俄罗斯哲学家所提出和关注的是哪些哲学问题，这种关注具有怎样的文化根源，俄罗斯哲学如何发展等。第二，具体科学性。这一研究对象所侧重的不是一般哲学问题本身，而是哲学问题的俄罗斯式表达方式，因此，这种研究的思想努力方向不是向深度的哲理沉思，而是力图把研究视野向广度的文化空间扩展。俄罗斯民族文化是一个多方面的有机整体，因此，对其中的哲学成分的研究与对俄罗斯社会文化其他方面的人文科学研究和社会科学研究具有密切关系。

这种文化学维度的俄罗斯哲学研究，与关于俄罗斯其他领域的学科一样，其研究宗旨主要是为了获得一些关于外部对象的知识，了解一种异国文化，即认识和理解俄罗斯这个国家或民族。这些知识具有两个实用意义：第一，思想文化上，在深入认识基础上，有利于借鉴此种文化中的历史经验，以便做好我们自己的事情，所谓他山之石，可以攻玉；第二，国际关系上，知己知彼，有利于维护两国的友好关系，发展经济技术等各领域的合作等。

文化学维度的俄罗斯哲学研究可采用一般文化史、思想史的研究方法，即不以对哲学问题本身的形而上学沉思为主，而是注重哲学思想文献资料的客观性和翔实性。可以对这些思想加以评介，也可以对此进行分析、综合、梳理和系统化。我国的现有的俄罗斯哲学研究论著多倾向于这样的方法。

文化学维度的研究问题可以不完全地概括为如下几类：

（1）探究俄罗斯哲学思想的产生的内在原因和基础问题。

（2）俄罗斯哲学的历史发展问题。

（3）俄罗斯哲学的特点问题。

（4）探讨俄罗斯哲学与文学、宗教等其他文化形式的关系，以及哲学与民族性的相互作用等。

（5）俄罗斯哲学家关于俄罗斯民族的思考。

总的来说，我们看到，俄罗斯和西方的许多有关俄国哲学史的研究著作都具有这种文化学研究的倾向。比如说别尔嘉耶夫的《俄罗斯思想》和以赛亚·柏林的《俄国思想家》。于是产生一个问题：这样的文化学维度的研究还是不是哲学研究？是否具有一般哲学意义？很明显，这的确不像是纯粹的哲学研究，和学界对西方哲学的研究有很大不同。许多关于欧洲哲学史的研究著作也并未把俄罗斯哲学纳入其中。不难看到，文化学方法之所以得到广泛运用，也和俄罗斯哲学本身的特点有关，这就是俄罗斯哲学本身就与文学、宗教等其他文化形式具有密切联系，而其一般的哲学规范性、学院性和体系性不够发达，此外，俄罗斯哲学家自己也热衷于俄罗斯哲学民族特点的论题，而且，他们对俄罗斯民族命运这一思想主题也特别关注。但是，我们认为，第一，文化学维度只是一种方法论上的研究角度，并不表示俄罗斯哲学本身不具有一般哲学意义，只是由于种种原因，此一般意义尚未得到充分揭示；第二，此种角度也不是研究俄罗斯哲学的唯一角度，还有一般哲学的维度。

二 一般哲学维度

　　从一般哲学维度对俄罗斯哲学的研究，其研究领域不属于任何具体科学学科，而属于哲学思辨的天地。哲学研究与科学研究不同：科学的研究对象是人生活于其中的现实，而哲学所研究的则是关于现实的思想、观念和表象。哲学家不是自己去发现自然和社会过程的新事实，他们不用任何科学仪器，不作科学观察和实验，不作田野调查。这与自然科学家、经济学家、社会学家不同。哲学家的唯一工具是他们的思想。他们的思考材料往往不是第一次找到的事实，而是已有的文化信息。这些信息可能被他人不注意和忽略，但哲学家用独特的观念、原理和方法来加以思考。哲学家所研究的是在人的意识中的事实材料，也就是研究意识的内容。

　　这样，一般哲学维度的研究对象不是俄罗斯国家或文化这一经验事实，而是俄罗斯哲学家所探讨的具有普遍意义的哲学问题本身。这些问题不像实证科学问题那样有可能得到彻底解决，而是永无终极答案的。可以说哲学思考也就是理性试图把握非理性的生存境界的努力，哲学思考过程，也就是不断地把具有无限深度的人类生命体验纳入到理性思考范围内的过程。如布尔加科夫所说，哲学就是永无休止的追问，是永无满足的、永不熄灭的"对智慧的爱"。一旦得到满足，哲学本身也就死了，不再存在了。所以，"哲学所追求的对象永远处在它所拥有的东西之外，哲学是'永恒的任务'（ewige Aufgabe，科亨语）"①。因此，在从这样的一般哲学维度研究俄罗斯哲学的时候，重要的不是对已有的哲学知识进行描述、整理和评述，而是与哲学家的对话，在当下对这些问题本身进行重新展现和讨论。在这样的观点下，所要研究的不是俄罗斯哲学家思想主题的内在根据和民族特点，而是他们对哲学问题的提出、分析和解决具有怎样的合理性和一般意义，如何丰富了人类生命经验，怎样深化了哲学思维本身。

对俄罗斯一般哲学问题的研究宗旨，不是为了获得关于俄罗斯这个具体对象的知识，而是为了在俄罗斯哲学家所提供的知识中探讨哲学问题本身，是和俄罗斯哲学家一起对世界、人生、社会、历史进行哲学思考。这种哲学思考是形而上学的沉思，不具有某种外部实用的目的。如舍斯托夫所说，哲学的终极任务不是调和生活中可见的矛盾，不是像实证科学那样为生活的暂时需要服务，而是思考生与死的永恒问题②。这些哲学问题不为俄罗斯所独有，而是具有一般人类性。

因此，从一般哲学维度对俄罗斯哲学的研究方法，就不是把俄罗斯哲学放在其民族文化背景下加以考察，而应在与西方哲学的对比中进行研究，因为无论怎样强调俄罗斯哲学的独特性，它都无法脱离西方哲学的语境。所以，我们从一

---

① Булгаков С. Н. , Свет невечерний: Созерцания и умозрения, М. , 1994, с. 70.

② Шестов Л. , Сочинения в 2 - х томах, Т. 2, М. , 1993, сс. 215 – 216.

般哲学维度对俄罗斯哲学的研究方法，也应与对西方哲学研究相同：不是重复死的知识，而是重构活的问题。不是对象性的研究，而是对话性的讨论。

那么，俄罗斯哲学中有哪些一般哲学问题呢？俄罗斯哲学有不同阶段和不同流派，所探讨的哲学问题也多种多样各不相同。我认为，在这方面，19—20 世纪上半叶的俄罗斯宗教哲学所关注的问题最具有代表性。

人，世界，真理，自由，这些问题显然是超越民族性的哲学问题，俄罗斯哲学家对它们的探讨无疑具有一般哲学意义。

俄罗斯哲学家对人的研究，完全不是他们本土的问题，而是近代哲学问题，也是现代性的问题。古代和中世纪，当人与神的世界未明确划分的时候，人的问题不可能激烈地提出。正是从笛卡尔的"我思"和康德的"先验自我"开始，人的问题才在哲学意识中变得十分尖锐。人本身是什么？人是不是外部经验中的他自己，还是比自己更大的精神世界？这个自我又是什么？这个问题仿佛是全部哲学思维的出发点和最终根基，从笛卡尔、康德，到胡塞尔、萨特，都试图用人的理性思维来无限追问、把握和论证这个问题。而俄罗斯哲学家则走另一条道路（与西方神秘主义者的观念类似），他们感到这个原初的自我是思想所永远捕捉不到的，因为第一，这个自我是不可能被对象化的；第二，这个自我不是知识的、认识论的出发点，而是生存本身；第三，甚至可以说这个自我根本就是不存在的，因为纯粹的人本身是不存在的，是走向神的，如别尔嘉耶夫所说，纯粹"人性的、太人性的"存在，反而是无人性的，人性的确证不在人性本身，而在神性。这样，只存在着神性的人（或者理念的、包含着神性的人），人的"自我"本身仿佛是不存在的，或者说是"存在的空洞"，是"性空"，是无形的，无边界的，仿佛数学的"点"。只有在神人性这条"线"上才是现实存在，这条神性之"线"正是俄罗斯哲学家所说的"人的生命之路"。也如数学上的"线"只有在面中才是现实存在一样，这条神人性之"线"只有在神的世界或精神世界这个"面"上才具有现实存在。

俄罗斯哲学家所思考的世界不是经验的现实世界，而是理想的世界、应有的世界。他们往往不是着眼于经验现实，以此作为出发点和归宿，而是从存在的终极意义的高度、从未来的"应有状态"看待世界。俄罗斯宗教哲学贯穿着对世界的"应有状态"的追求：存在具有自己的完善状态，它相对于经验存在来说被认为是第一性的，不是在时间上先在，而是在某种意义维度上优先。对完整的完善的存在的直觉，成为俄罗斯哲学思维的第一基础。

把这一现实与应有的关系问题换一个哲学概念来说就是，真理不是服从于外部标准，而是服从于内在标准。这就是舍斯托夫所提出的真理与人的关系，"真"与"好"的关系问题：什么是"真"？什么是"好"？是"真"应当向"好"看齐，还是相反，"好"应当向"真"看齐？谁有权决定"真"和

"好"之间的关系?①

自由这个哲学的永恒主题,也是俄罗斯哲学的核心问题。俄罗斯哲学家告诉人们,人应当是自由的、有无限可能性的存在物,是世界的中心和主宰,因此应当不断地去争取、斗争。我们会说,这种不切实际的梦想不能给现实人生提供有益指导,不能给寻求指导的人提供帮助,所以常常令人感到它无成效。甚至令人觉得这是思想不成熟的表现,类似于天真幼稚,年少轻狂,没有正确认清自己在世界上的地位,以及自己的能力界限。我们会问,难道西方哲学家是"有意识的石头",他们不懂得人是充满梦想的自由存在物吗?既然也懂得,却仍然要说"自由是对必然的认识",是因为他们深刻地认识到必然性是不可战胜的,现实的人毕竟是要服从的。这是冷静的理智,仿佛老者智慧的忠告。但另一方面,反过来思考,俄罗斯哲学仍然不失其意义,第一,这个世界不仅需要老者的务实、冷静、智慧,也需要青年人的梦想、活力、创造、勇气和冒险精神。第二,俄罗斯哲学本来就不是为现实世界的人提供忠告的,因为首先,俄罗斯哲学不是活在现实世界,而是活在理想世界,不能指望在此找到现实生活道路的指南,而是当下正在进行的精神努力;其次,在俄罗斯哲学的世界里根本就不存在现实的人,人就是理念的人和生成中的人,它所提供的是对人的理想生存状态的直接描述,是生命的真理,或者确切地说,是"真",

---

① Шестов Л. , Что такое истина?, Сочинения в 2 - х томах, Т. 2, М. , 1993, с. 370.

而不是"理"，不是超越真实之上的理性指导。第三，西方理性主义哲学教导人服从必然性，但这个必然性本身有什么理由要求人必须服从呢？难道俄罗斯哲学家不懂得现实的人必须服从这个世界的必然规律吗？显然不是，既然他们也懂得，却仍然要说"受造的真理"和"非受造的自由"，是因为他们要表达一种对人的终极理想境界的追求。这种追求不受制于静态的理性反思，而着眼于动态的当下努力，不在"常理"面前止步，而是依靠精神的努力为可能性开辟道路。正如弗兰克所说："哲学从常识止步的地方开始"，也如舍斯托夫所言，"哲学是伟大的、最后的斗争"。我们又问，这岂不是堂吉诃德，对自然规律视而不见吗？然而俄罗斯哲学家并非否定科学，科学规律当然是应当服从的，但他们把科学的领域和哲学的使命区分开来。地下室人并未真的去以头撞墙，只是在强调说不该扼杀人"心向往之"的权利。第四，与俄罗斯哲学相比，西方理性主义哲学可谓成果卓著、体系严密，但它们给现实的人生所提供的指导也不可能一劳永逸地给所有人以真正的安慰和使人得到永远的精神安宁。因为千百年间，现实生活中的人从来没有完全俯首听命，从来没有停止"争取可能性"的反抗和斗争。甚至许多人仍然要到信仰中寻找精神安慰。俄罗斯宗教哲学的天地仿佛是在梦想的精神王国，西方理性主义哲学的领域则仿佛在现实的人类社会。而人的世界应当是两者的互动共融。

当然，本文所论述的两个研究维度只是一种理想化的划分，是为理论研究而设定的方法论模式。实际上，无论在俄罗斯、西方还是在中国对俄罗斯哲学的研究实践中，文化学的维度和一般哲学的维度不可能是完全割裂的，而往往是结合在一起的。对哲学史的文化学考察不能不涉及哲学问题本身，对俄罗斯哲学家所探讨的一般哲学问题的研究也不能完全脱离俄罗斯文化。

全球化背景下的哲学

——绝对价值和民族发展的风向标

［俄］ 丘马科夫 A. H.

（莫斯科国立罗蒙诺索夫大学，

俄罗斯科学院哲学研究所，

俄罗斯哲学学会）

人类在其存在历史中所获取的全部价值观和成就中，哲学可能是最耀眼、最无可争辩的财富。也许并非每个人都赞同这种说法，何况连某些专业哲学家也会持这样一种观点，即哲学已经结束，消失，到达了终点（J. 瓦蒂莫、格伦·斯瓦塞贾恩 K. 等）。尽管如此，我们还是有充足的理由认为，哲学的价值是毋庸置疑的。而且，应该说，哲学的作用在现代环境下日趋凸显。

我们必须要承认科学、宗教等社会意识形态的价值，但如果考虑到哲学对于某些民族以及整个国际社会的文化文明发展所起的作用，哲学应当占据更重要的位置。①

原因有如下几点。我暂不探究哲学在世界观、认识论、方法论、整体论、价值论和交际方面的功能，抑或是在其他方面极其重要的功能，我所要论述的是与此相关的主要问题。

哲学研究的是人类的精神活动，展现的是人性的真实本质。也就是说，哲学把人看作是一种充满智慧的、具有批判性思维的、善于质疑的，最后，也是最重要的一点，求知的生物。同时，由于哲学与文化有着直接的联系，且能够反映文化的重要特征，因此哲学总是带有民族特性的。换句话说，哲学总是具有民族色彩，而且一定会烙上与其相应的时代的印记。

同时，哲学与其他认识形式（首先是宗教和科学）会有林林总总的原则性差别。但主要的差别在于，宗教关注的重点是现成的答案，而且必须按照原样接受这个答案。信仰在宗教中占据首位，比知识更重要。质疑是绝对不可接受的。质疑所带来的弊要大于利。

科学就不一样了。科学以知识为基础，力求在已有知识、经验和直觉的基础上得出经过验证的终极答案。换句话说，科学的任务是获取新知识，再把新知识组合到一起。科学感兴趣的首先是正确的答案和最终的结果，而最终的结果

---

① 作者持有这样一种立场，即哲学、科学和宗教虽然密切相关，但各自却是独立的世界观形式。

最后（或至少原则上）可能是真的，也可能是假的。知识在科学领域处于最前沿的位置，信仰虽然也存在于科学认识当中，但却不起关键作用。问题在科学中也很重要，科学也同样接受质疑。但归根结底，问题和质疑可以通过理论和已经被实践检验过的知识（即现成的结果）来消除掉。换句话说，只要问题和质疑还存在，科学研究就不能完结，科学研究的结果就不是最终的。

在哲学中，所有的一切都完全不一样。哲学的核心是问题。质疑也起着关键的作用，且被哲学家高度重视。哲学中的知识和信仰虽然也有重要的作用，但这种作用是辅助的。无论是知识还是信仰，它们仅是哲学思考的基础和依据，它们不是哲学思考的主要目标，也不是哲学思考所追寻的结果。因此，知识和信仰只是哲学分析的出发点。二者在哲学中所呈现出的总是不完整的、未完结的形式，它们一直以来都被问题和质疑所主宰。

为什么会这样呢？因为哲学是理性认识的基础，常与各种问题打交道。问题的答案千千万万，其不可能通过法律或公式的形式表现出来。有些问题实践无法证明其是否完全正确，也无法将其完全推翻。这些问题被称为是永恒的哲学问题。每一位哲学家，每一个时代针对这些问题总是能给出自己的答案。在很大程度上，哲学的解决方案首先取决于哲学家所处的社会和时代，取决于哲学家的世界观、关注点和他所提出的问题。由于哲学问题的轮廓比较模糊，并且哲学任务的性质受诸多因素的制约，所以是否能够设置和提出问题，就成了哲学最重要的功能，也成了哲学认识的本质、来源和动力。与此同时，哲学家每次都会先把问题抛给自己，依靠自己的智慧、知识、经验、直觉、信仰、信念尝试着解决对于自己或社会来说至关重要的问题。

从"哲学"这个词的含义来看，它所囊括的问题范围极广，本质上超出了知识所及的界限。事实上，我们是在进行一场智力比拼，是在和某些哲学家的臆想打交道，而且归根到底，是在和他们的主观评判、观点和判断打交道。这也恰恰解释了，为什么哲学领域总是充斥着先例，为什么哲学的道路永远没有终点。而所有关于死亡或哲学终结的话题，无非是乖谬的夸大其词和荒诞行径，与现实没有丝毫的共通之处。在理想状况下，可以有条件地认为某个哲学学说、流派或派别已经完结，因为确实有很多哲学思想、派别和概念已经终结，其在社会意识中已经消散，无法继续发展下去。的确，许多哲学流派目前陷入了困境，有时甚至处于严重的危机当中。但这还不是哲学的全部。哲学原本的意义是"爱智慧"，是社会意识的一种形式和认识的方式，是内心的一种状态。最后，哲学还是一种特殊类型的世界观和民族自觉，它处在一个无数问题环绕的永恒循环当中。哲学一旦出现，便会作为民族发展的绝对价值和风向标而一直伴随理性的人类。

与此同时，哲学的价值和独特性只会与日俱增。因为哲学能够自给自足，而且与宗教，乃至与科学不同的是，哲学不接受任何绝对的权威。在宗教中，人总是有最高的权威和评判真理的标准，这个权威和标准既可以是上帝，也可以是祷告的经文。在科学中，那些已经走过认识之路，并且用自己的发明创造（经实践检验）造福于人类的科学家，一直都拥有至高无上的权威。科学当中公开的规律、已被证明的定理、公式和理论也是不可争辩的。

但在哲学中，这种不可一世的权威，以及判断哲学思想和哲学论断真实性的标准是不存在的，它们也不可能存在。哲学总是在不停地寻找，不停地质疑所有的一切，而且每一次都在重新思考貌似已经解决的问题。因此，一个人在寻找哲学真理的道路上，首先要依靠自己，因为他本人最终会成为自己的重要权威，会成为评判真理的重要标准。如果把真理定义为我们所掌握的知识与现实相符合，或定义为主体对客观现实的相应反应，那么与这个真理打交道的，也许就是科学。而哲学要探究的不是真理，而是某位哲学家的理论的正确性，也就是说，哲学要研究这位哲学家的主观信念，看他对事物本质的理解是否符合该事物的原貌。①

但是，这并不意味着现实的情况是这位哲学家所看到的那样。因为在回答"哲学家的论断和评判是否正确"这个问题时，答案只有一个——"也许吧"，仅此而已。本质上而言，这正是哲学和其他认识形式之间的原则性区别。任何一种哲学见解、观点或理论体系，无论它多么丰富，多么深邃，都不可能达到绝对真理，也不可能被证明是绝对正确

---

① Chumakov A. N.：《全球化哲学》，莫斯科大学出版社 2015 年版，第 167—179 页。

的。因此，每一个哲学判断，每一个哲学概念都有存在的权利，即便它自相矛盾。

这就是哲学的特点，而且只有哲学才具有这样的特点。这个特点让哲学变得独一无二，让哲学成为社会生活中极富价值的现象，因为正是哲学把人类的理性和无穷的创造力发挥到了极致。此外，哲学扩大了看待问题的视野。哲学当中所蕴含的世界观、认知观、道德观、审美观等，能够从总体上把哲学变为一把可以解决道德、法律、伦理、美学、国际关系等各个领域问题的万能钥匙。这就是我们需要，而且应该谈一谈民族哲学（诸如德国哲学、法国哲学、俄国哲学、中国哲学、美国哲学等）的原因，而具体的科学门类（物理、化学、生物等）是超越民族的，它们与民族文化没有紧密的联系。

需要强调的是，哲学思想和理论总是反映客观或主观的现实。所以，哲学思想和理论越是依靠现代科学的成就和已经被检验过的知识，并且能反映出民族文化的特征，它们就越有价值。韩国哲学家塞缪尔·李就曾非常准确地指出过这一点。他在探讨哲学在全球转型过程中所起的作用时，特别指出："当今世界的问题就其本质而言，涉及跨学科领域的知识。尽管经常有人声称自己的研究属于社会科学的任务。但即便当今世界的许多重要理论都是由人文科学家提出的，我们还是应该站在科学的立场去分析国际社会的结构和国际关系。而如果哲学家不具备相应的素养，也不掌握必要的数据，那么为了从科学的视角出发去分析社会现象，他就不应该去接触战争与和平的问题，或者与社会冲突、国际冲突相关的问题。"①

　　上述论断非但没有影响哲学在认识中的作用，反而还准确指出了，哲学论证和结论必须要建立在现代科学成果的基础之上。因此，从某种观点来看，哲学的价值是显而易见的。不过，正如上文谈到的，科学界的某个领域依然对哲学的价值和作用存在质疑。特别是，我们常常会听到这样的问题：如今，世界已经迈入了全球互联的时代，高速度和高科技的时代已然到来，我们还需要哲学吗？哲学现在是不是已经过时了？在信息不断涌动和时间长期匮乏的条件下，哲学是否会被具体的知识所取代？这些问题很有道理，不过生活本身会给出答案。生活给现代人类提出了许多哲学问题，其中有些问题是全新的问题，之前从未有过。这些问题包括：防止核自我毁灭和维护世界和平、克隆所引起的道德伦理问题，以及其他一些更重要的话题，如生态安全、全球恐怖主义威胁、网络犯罪等。

　　因此，第三个千年伊始的国际社会实际上呈现出了全新的面貌，而且从社会生活的主要参数去判断，其已成为一个统一的完整系统。与此同时，国际社会越发关注本身的统一这个问题，也在思考如何为生物圈的状态和地球生命的延续负起责任。由此，社会经济的可持续发展和（从局部水平到

---

　　① ［韩］塞缪尔·李：《哲学在和平研究和运动中的作用》，土耳其哲学学会，2009年，第42—43页。

全球水平）社会与自然之间的和谐关系，个人和民族之间的
友善关系等问题，以及永恒的哲学话题，自然而然地成了近
年来哲学首要探究的问题。

正如斯多葛学派指出的那样：当一个人心情愉悦时，他
会远离哲学；只有情绪低落时，他才会走进哲学。这一刻正
在向我们走来。但是人类能够及时认清它吗？人类是否能够
达到解决所面临的问题的高度，以便正确使用已有的知识以
及哲学所赋予的一切？

因此，全世界的教育状况和发展水平引起了我们的高度
关注。正是教育水平低下、缺乏应有的教养以及触犯人权这
些因素，才导致今天出现了众多的问题。同时，尊重人权是
首要任务。这个问题得不到解决，所有其他的问题就都没有
意义了。正如人权领域的知名专家，国际哲学团体联合会名
誉会长安娜·库奇拉迪教授所言："那些负责教育和落实人
权的人们，应该从哲学的角度充分意识到，只有把公认的准
则与现实生活紧紧结合到一起，才能保障人权。"①

所以，我们上面谈到的方方面面，也能够让哲学成为人
类生活不可分割的一个方面，并为哲学披上一层迷人的、神
秘的、无法预知的面纱。哲学悠久的历史证明了一点：没有
哪个民族、制度或意识形态能够离开哲学，无论它们与哲学
之间的关系如何。今天，无论是某些民族，还是整个国际社

---

① Kucuradi I., "Human rights, from the philosophical point of view" *Global Studies Encyclopedia*, Ed. by Alexander N. Chumakov, William C. Gay, Ivan I. Mazour, Moscow: Raduga Publishers, 2003, p. 249.

会，它们比以往任何时候都需要哲学，它们需要用哲学认识自我、把握自己的位置并理解自己生命的意义。联合国教科文组织每年都要在全球范围内举办哲学日活动，而且世界哲学大会已经走过了两百年的历史，这两个事实足以让我们相信哲学的作用。不过，无论是在全世界范围内，还是在本民族范围内，人们总是会一次又一次地触及哲学的本质和意义这个问题。

在这方面最具代表性的就是 1998 年美国波士顿举行的第二十届世界哲学大会。当时，大会讨论的主题是"教化：哲学育人"。世界哲学思想再次回归到哲学的原点及其在当今世界中的作用。与会者积极讨论了似乎已然解决的问题：哲学是什么？谁需要哲学，为什么需要它？哲学的意义是什么？哲学如何解决当下迫在眉睫的问题？

二十多年过去了，现在我们再次提出同样的问题。同时，和以前一样，关于哲学本身，关于哲学是否能够有针对性地影响社会发展（如果答案是肯定的，以何种方式施加影响），我们没有统一的观点。之所以观点上出现分歧，有多个原因，但主要原因是哲学本身的特点。只有观点多元化，只有存在异议，并对不同的观点（特别是有民族倾向的观点）进行对比，哲学才会存在。

我们把完整、精准的知识体系比作"普洛克路斯忒斯之床"，而哲学却无法与其匹配。哲学无法展现一个完整的学说体系，哲学研究没有统一的语言，没有统一的规律，没有一定的方法论。这一切貌似是哲学的缺陷，但实际上却是它巨大的优势。尤其当我们遇到一些复杂的系统，需要解决一系列的跨学科问题时，哲学的作用就更加明显了。

从哲学的角度来理解这些问题具有特殊的价值。与科学方法不同，哲学在分析问题时的特点是，在解释事实上追求更大的自由度，在求证某些原理时没有一定之规，推崇抽象式的表述和主观评价，等等。虽然乍一看哲学研究的价值可能微不足道，但实际上远非如此。

首先，哲学研究是在理性认识领域进行的。而科学由于要求知识的准确性，所以在理性认识中的作用就小之又小，甚至可以说，科学在理性认识中举步维艰。同时，我们认为，除了科学和哲学之外，人类没有其他的理性认识方式。

其次，哲学反思扩大了看问题的视野，而且还能站在科学的视角，为研究问题提供独一无二的新方法。科学秉承严谨的表述和确凿的论证，不容许在进行评价和论断时天马行空。而哲学思想如果没有了放纵不羁，就失去了原创性。

但是，如果哲学没有准确的知识，也不去建立准确的知识体系，那么如何去掌握哲学，如何在日常生活中运用哲学的成果呢？哲学能够展现民族特征和观点的多元化，甚至针对同一问题会给出完全不同的答案，如果所有这些是一种常态，那么如何在每个个体头脑中实现一元论，如何实现有序、连贯，至少相对一致的观点体系呢？由此还会产生另外一个问题：哲学所讲授的是什么以及如何去讲授哲学？如果没有确切的标准去评判哪些思想和观点是正确的，哪些是不正确的，那么又如何对这些思想和观点进行选择呢？

这个问题引起了世界各地许多哲学家的极大兴趣，特别是前面提到的波士顿哲学大会。例如，美国哲学家 M. 努斯鲍姆在大会主题报告中谈到了苏格拉底、塞内卡和历史上其他思想家的经验，她非常鲜明地支持一种思想，而这一思想即便现如今也经常被忽视。这一思想的实质是："哲学不应该去教人们记忆各种事实，而应该去培养他们推理和提出问题的能力。哲学研究的意义在于，让人们学会独立思考并遵循自己的理智，而不是每个问题都向权威人士寻求答案。因此，哲学的任务是教会人们去沟通和对话，让人们去追寻真理，而不是自我肯定。也就是说，每个人都值得被倾听。"①

这些准确的表述再次证明了一点：我们不能像学习科学一样去学习哲学。我们也不能像掌握某类知识、现成的规则和公式一样去掌握哲学。因此，需要一个根本不同的方法。在育人的过程中，应该选择教化的方式。这意味着需要教授的不是"应该看到什么"，而是"看哪里以及如何看"。

关于哲学的教化作用，另一位主题报告人——法国哲学家皮埃尔·奥别恩科——在那一届哲学大会上也有一段精辟的论断。他提出这样一个问题："由人的野蛮本性过渡到文明本性有多大可能？"他认为，人类的共同本性是模糊的，只有教育（教化）才能使人成为完全意义上的人，也就是柏拉图说的，教化让他睁开了双眼。②

---

① Итоги XX Всемирного философского конгресса // Вопросы философии. 1999. № 5. с. 43.

② Там же

但教育并不是为了让眼睛产生视力。它的作用是赋予人类正确的观点。奥别恩科援引柏拉图、德谟克利特等著名思想家的权威理念，认为，如果让教育去反对暴力并培养人的理智，那么通过教育可以塑造人的另外一种本性。"教化"这个概念强调教育的过程，而教化过程的结果是把孩子变为成年人。阅读古希腊罗马哲学的权威著作，就可以更好地理解这一过程的机制。古希腊罗马哲学认为"人的神性需要像培植优质葡萄一样去培育。"特别是在哲学教学中，普罗泰戈拉、苏格拉底和柏拉图强调的不是教导说服的艺术，而是正确判断的艺术。关于这个话题，我们可以从亚里士多德那里发现很多有趣的观点。他认为，教化应该让一个人去发展自我。①

波士顿哲学大会时至今日都在告诉我们，哲学在教化当中起着至关重要的作用，而教化原则在当今社会不仅没有失去意义，反而变得愈发迫切。只有肉体发达、精神高贵、道德高尚，人类才能应对当下的全球挑战。因为人类今天面临的危险，实质上不是来自于经济、技术或工艺，而来自于人类自身。在客观情况的影响下，虽然人类已经开始更多地关注生态、可持续发展、合理利用自然资源等问题，但所遵循的却不是国际社会的共同利益。

现今的全球化世界仍旧被划分为"民族区"，其中主权

---

① Итоги XX Всемирного философского конгресса // Вопросы философии. 1999. № 5. с. 43.

国家继续热心捍卫其独立性，而在全球化的影响下，一个统一的人类社会系统已经从整体上渐趋成形。统一系统需要相应的全球化管理，而这种管理体系目前还没有建立起来。造成这种状况出现的主要原因是，人们还没有从根本上学会站在全世界的高度，从全人类的视角出发去负责任地思考问题。此外，在民族和国家处于分崩离析阶段所形成的价值体系，已然不再符合当代现实。我们必须在短暂的历史时期内彻底修改这个价值体系。①

没有哲学，这个问题是不可能得到解决的。首要原因是，我们必须对全局有个总体的、全面的认识，而只有哲学才能赋予我们全局观，让我们在历史背景下系统全面地观察社会生活。

还有一点需要强调，人类循序渐进的发展呈现出两个重要的，却又矢量各异的方向。

第一个发展方向可以追溯到原始人类的形成阶段，我们将其定义为文化发展矢量。第二个发展方向出现得较晚，这一时期的特点是人类过渡到定居的生活方式，国家已经形成，公民社会最终成型。我们把这个方向称为文明发展矢量。两个发展矢量之间有许多共同点，因为文明最初是作为社会文化发展的结果出现的。此外，哲学作为一种社会意识形态，作为某种世界观类型和认识方式，以及作为一种精神

---

① Alexander N. Chumakov, Ivan I. Mazour, William C. Gay. , *Global Studies Encyclopedic Dictionary*, Editions Rodopi B. V. , Amsterdam/New York, 2014, pp. 285 – 297.

和生活方式，是由于世界文化和文明的发展才出现的。从雅斯贝尔斯定义"轴向时间"的那一刻起，哲学已成为人类精神生活的重要组成部分，拥有无可置疑的价值。

但是，文化与文明之间存在着根本的区别。在社会关系体系中，文化总是能够体现某个民族独特的一面，文明更像一个把其他事物孤立起来的因素。尽管文明能够把某些人类群体结合到一起，不过，文化又会根据语言、传统、信仰、生活方式、民俗、日常习惯等因素将这些群体彼此区分开。因此，由于文化基础不同，不同的民族原则上各有各的特点。与此同时，文化的非一体化是客观存在的。文化的非一体化源于文化的多样性，而文化的多样性完全可以与生物的多样性相比。因此，显而易见的是，文化的多样性是社会生活的必要条件，其可以被视为是一种自然规律。这在很大程度上就决定了每个人和每个民族都是不同的。他们属于不同的文化，他们是独一无二的。

与此同时，我们还看到这些民族是如何发掘共同的社会生活组织形式的。在这些组织形式中，最鲜明、最发达的组织形式是国家。国家能够在伦理道德和法律层面对社会关系进行协调。正是国家的协调机制构成了任何一个社会文明发展的特征。因此，文明是一种调整文化多样性和凝聚人类群体的方式。对于不同国家、不同民族而言，社会生活的文明组织原则是一个凝聚性因素。

这里需要注意的一点是，一旦踏上文明发展的道路，这个社会体系就已经开始走向全人类的文明。不同的民族以不同的方式和不同的速度经历这个过程，但全球文明形成的本质并没有改变。全球文明似乎是从地方文明和区域文明孕育而生的。全球文明的主框架是在20世纪末形成的，再加上全球化所派生出的大众文化，我们有充足的理由认为，目前正在形成一个统一的全人类文化文明体系。在这个复杂的国际社会集团中，有两股不同方向的力量正在并将持续发挥作用：一是离心力，二是向心力。前者的诱因是文化，后者的诱因是文明。如前所述，如果不用哲学的视角去看待世界，则根本认识不到这一新的现实情况，也无法建立相应的全球世界观。这一点以及上面所说的一切让我们意识到，哲学不仅仅是一种简单的价值观，而且是一种绝对的价值观，一种不可替代的价值观，丧失掉这种价值观，意味着丧失了人的本质。随着哲学的丧失，人们也将失去一个最重要的标准——各个国家、各国人民民族发展的风向标。

这就是为什么在许多其他价值观中，哲学就其重要意义而言应当与自由这个至高无上的价值观并驾齐驱，因为哲学的本质就是精神的自由。与此同时，哲学又高于自由。无论自由代表的是哪个学说、哪个体系、哪个流派，其一定是任何哲学存在的必要条件。

俄罗斯哲学与东正教

张百春

（北京师范大学哲学学院）

东正教于公元 988 年从拜占庭帝国传入古罗斯。狭义的、具有独创性的俄罗斯哲学传统形成于 19 世纪初。从东正教传入到俄罗斯哲学的产生，相隔了八百多年，这段时期被弗洛罗夫斯基神父称为"俄罗斯式的沉默"，"俄罗斯思想的姗姗来迟的觉醒"。[①] 但他认为，这个长期的沉默只发生在哲学上。在其他领域，如绘画、建筑、文学等，俄罗斯思想都获得了具体的表达。确实，直到 19 世纪之前，在俄语中甚至没有形成一套哲学的专业术语。如果说有零星的哲学思想，它们也只是表达在与宗教相关的语境中。尽管如此，以东正教为核心的俄罗斯民族自身的精神传统毕竟是俄罗斯哲学产生和发展的重要因素。这是内在因素，它保证了俄罗斯哲学

[①]　Флоровский Г. В.，Пути русского богословия.，Париж：1937，с. 1.

能够拥有自己独特的主题和任务，并决定其基本特征。此外，俄罗斯哲学的产生还有一个外在因素，主要是德国古典哲学，它提供了一套有效的工具和方法。两个因素之间的张力，特别是东正教和哲学之间的张力贯穿俄罗斯哲学的始终。

别尔嘉耶夫认为，俄罗斯"哲学思想的真正觉醒是在德国哲学的影响下发生的"[1]。他在这里指的是历史哲学，其产生的标志是恰达耶夫于 1836 年发表的《哲学通信》。恰达耶夫在信中无情地批判了俄国的历史，把它看成是一片空白，其罪魁祸首就是从拜占庭引进的东正教。他认为，东正教没有给俄国的历史带来任何积极的和有意义的东西。相反，西方世界成功了，天主教会带领欧洲各民族并肩前进，把俄国远远地抛在了后面。[2] 出路何在？恰达耶夫认为，俄国必须向西方学习，走西方道路。在这里，恰达耶夫流露出了亲天主教的倾向，甚至有人怀疑他已经皈依了天主教。作为宗教哲学家，他企图建立基督教哲学，但其基础是天主教而不是东正教。《哲学通信》导致俄罗斯思想界发生分裂，产生了所谓的西方派和斯拉夫派，恰达耶夫被认为是西方派的创始人。东正教是双方争论的焦点之一。

斯拉夫派著名代表基列耶夫斯基在 1830 年就预言："我们需要哲学：我们智慧发展的整个过程要求哲学。……但

---

① Бердяев А. Н. ，Русская идея//Русская идея · Судба России. М. ：1997，с. 29.

② Чаадаев П. Я. ，Сочиненияв 2 - х томах. т. 1，М. ：1991，сс. 331 - 334.

是，哲学将从哪里来呢？到哪里去寻找它呢？当然，走向这个哲学的第一步应该是吸收一个国家的理性财富，因为这个国家在思辨方面超出了所有其他民族。但是，别人的思想只对发展自己的思想而言才是有益处的。德国哲学在我们这里不可能扎根。我们的哲学应该从我们的生活中发展出来，应该从我们的民族经验和个人经验的现实问题和主导兴趣中产生出来。"① 这是未来的俄罗斯哲学的纲领，其中包含了独立的俄罗斯哲学产生的可能性、必要性和必然性，以及它的发展方向、方法、性质和主题，其实质是制定和塑造独立的东正教思维方式，在东正教经验基础上建立具有独创性的俄罗斯哲学。基列耶夫斯基甚至曾专门研究过作为东正教传统重要内容的教父著作，但他在俄罗斯哲学建设方面贡献不大。

斯拉夫派另一著名代表霍米雅科夫是个虔敬的东正教徒，被称为"东正教会的骑士"。他完全从自己的教会经验出发，悟出了东正教会的本质特征，并创造一个特殊的词来表达之，即聚和性（соборность）。该词准确地揭示了东正教生活和建制的最基本特质。东正教会就是聚和性的教会，是广大信徒之间的一种自由的联合，是以恩赐为基础、靠爱结合起来的统一体，其中没有强迫，没有对立和排斥，所有成员都认同某些绝对价值（如基本教义等）。聚和性概念的正统性有两方面保证，一是有尼西亚信经作为根据，二是它

---

① Киреевский И. В.，Обозрение русской словесности 1829 г. //Критика и эстетика. М.：1979，с. 68.

准确地揭示了东正教与天主教和新教的本质区别。霍米雅科
夫认为，在东正教会里实现了自由和统一的完美结合。尽管
天主教会也强调统一，新教徒也强调自由，但是，"天主教
徒所设想的是这样一种统一，其中已经没有基督徒自由的任
何痕迹；新教徒坚持这样的自由，教会的统一性在其中完全
消失了"①。聚和性的学说属于教会论，是个神学学说。别尔
嘉耶夫认为，霍米雅科夫真正地开始了按照东正教的方式进
行神学思考。② 与此同时，在聚和性学说里也包含了深刻的
哲学思想，如自由和爱的思想等，对后来俄罗斯哲学的发展
产生了巨大的影响。比如别尔嘉耶夫一生都非常珍视霍米雅
科夫的自曰观。列维茨基认为霍米雅科夫是"企图用哲学范
畴来表达东正教精神的第一位俄罗斯世俗哲学家。"③ 因此，
霍米雅科元既是神学家，也是哲学家，是具有独创性的俄罗
斯哲学的奠基人之一。兼哲学家与神学家于一身的霍米雅科
夫在俄罗斯哲学史上具有深远的象征意义。

在俄罗斯哲学史上具有划时代意义的人物是索洛维约
夫，其早期思想与斯拉夫派有密切关系，在后期创作中，他
有意识地使自己与斯拉夫派划清界限。但是，正是索洛维约
夫出色地完成了斯拉夫派提出的任务，建立了一个庞大的哲
学体系。这是宗教（神学）、哲学和科学的统一体，其中既
有本体论、形而上学、认识论，也有美学和伦理学等，其核

① Хомяков А. С.，Сочинения богословские. СПб.：1995，с.124.
② Бердяев А. Н.，Указ. соч. с.137.
③ Левицкий С. А.，Очерки по русской философии. М.，1996，с.55.

心概念是一切统一（всеединство，又译为万物统一）。此概念不是他的发明，在西方哲学中自古有之。一切统一非常符合索洛维约夫的哲学直觉，他以独特的方式揭示了这个概念的本质内涵。这个本体论范畴表达了无所不包的存在，既包括自然万物，也包括人，连上帝在其中也有自己的位置，有时索洛维约夫就用一切统一指称上帝。最主要的是，一切统一强调了存在的有机统一性。作为一个哲学范畴或原则，一切统一成功地表达了俄罗斯哲学的基本诉求，即追求完整性、有机性和统一性，反对分裂和敌对。因此，在 20 世纪初，俄国有一批哲学家接受并发展了一切统一的概念，以它为基础建立自己的哲学体系，比如弗洛连斯基，卡尔萨文，布尔加科夫，叶·特鲁别茨科伊，尼·洛斯基，弗兰克等，他们一起构成了在俄国形成的第一个独立的、具有独创性的哲学学派，即"一切统一学派"。还有许多俄罗斯哲学家与该学派接近，比如洛帕京，埃林，洛谢夫等。有人甚至认为"西方哲学和俄罗斯东正教这两个世界在一切统一里找到了相遇和结合之点"①。在方法论上，索洛维约夫以及后来的"一切统一学派"依然继续了斯拉夫派的传统，即用西方哲学的术语表达俄罗斯民族精神之内涵。

在索洛维约夫的哲学体系中，还有两个与一切统一密切相关的重要概念，它们与东正教的关系更为复杂，这就是索

---

① Хоружий С. С. ，Неопатристический синтез и русская философия //О старом и новом. СПб. ：2000，с. 42.

菲亚（софия）和神人类（богочеловечество）。在索洛维约夫那里，索菲亚是一种永恒女性的象征，早年他迷恋上了神秘的索菲亚，甚至因此而产生了幻觉。他对索菲亚的理解前后是不一致的。起初他把索菲亚理解为"世界灵魂"，但后来放弃了这个理解，坚持索菲亚是上帝的智慧，是表现出来的绝对原则。索菲亚既面对上帝，也面对被造世界，是上帝和世界之间的中介。弗洛连斯基和布尔加科夫都继承了索菲亚的主题，他们甚至把索菲亚当作三位一体之外的第四个位格，尽管这个位格与其他三个位格有本质区别。布尔加科夫的索菲亚论曾引起一场争论，甚至被指责为异端。① 神人类的概念来自基督教。耶稣基督是神同时也是人，因此是神人。人类借助于对耶稣的信仰最终将走向神人类。这里所包含的明显的乐观主义进化论因素与东正教有很大距离。弗洛罗夫斯基指责索洛维约夫更多地谈论神人类，而不是作为救主的神人。② 神人类观念在布尔加科夫神父那里获得了进一步的发展。

在哲学创造上固有一切统一直觉的索洛维约夫无法忍受基督教三大派别的分裂，他曾专门研究过基督教会联合的问题，建立了自己的神权政治理论。他激烈地批判东正教会，对天主教和罗马教皇有好感，因而也被怀疑已经皈依了天主教。③ 无疑，在他的宗教哲学体系中有非基督教的因素，尽

① Лосский В. Н.，Спор о софии. //Статьи разных лет. М.，1996.
② Флоровский Г. В.，Пути русского богословия. Париж，1937，с. 317.
③ Левицкий С. А.，Очерки по русской философии. М.，1996，сс. 208 – 210.

管他认为基督教是人类宗教发展史上的最高阶段。尼·洛斯基说："索洛维约夫宗教哲学观表明，他既不是东正教徒，不是天主教徒，也不是新教徒。他超越了这些宗教派别间区分的限制，一直在追求成为一个真正普世的基督徒。"[①] 索洛维约夫反对西方哲学中的理性主义，在神秘体验的基础上建立自己的哲学，在这个意义上，他确实揭示和表达了俄罗斯东正教精神传统中的某些内涵。

索洛维约夫去世（1900 年）后，一批文学家和哲学家们举起了索洛维约夫宗教哲学的大旗，反对世俗化和无神论，甚至与保守的东正教会对抗，这就是所谓的"宗教哲学复兴"运动，它代表了当时俄罗斯哲学界的主流。俄国几乎所有有宗教情怀的哲学家都参与到其中了。在不到 20 年的时间里，他们创造出了大量的宗教哲学著作，成为俄罗斯哲学的经典。十月革命后，无神论哲学获得胜利，宗教复兴运动在苏联完全终止了，其主要代表被迫流亡国外。但俄罗斯哲学创作没有因此而立即终止，流亡哲学成为俄罗斯哲学的主流。

这场宗教哲学复兴运动是个复杂的现象，其中特别值得注意的是由罗赞诺夫、梅列日科夫斯基和别尔嘉耶夫所倡导的新宗教意识，它主要针对历史上的基督教，包括天主教、东正教和新教。新宗教意识的代表们指责历史上的基督教只重视天空、精神，而忽略了大地和肉体，排除了非基督教的

---

① Лосский Н. О. ，История русской философии. М. ，1991，c. 162.

合理因素。历史上的基督教只代表了基督教历史的两个时代，即圣父的时代（第一王国）和圣子的时代（第二王国），但是没有揭示圣灵的时代（第三王国）。因此，他们盼望圣灵的时代，并积极地投身于文学和哲学创造，迎接第三王国的到来，那时，上帝要在全人类中显现。他们坚定地站在反无神论的立场上，同时与官方东正教会保持距离，因为他们在努力寻找真正的基督教。但是，无论罗赞诺夫、梅列日科夫斯基的文学创作，还是别尔嘉耶夫的哲学创作，不但远离了东正教，而且远离了基督教，其中包含了许多非基督教的因素，他们自己也不否认这一点。

从斯拉夫派开始，俄罗斯哲学家们就企图利用西方哲学作为工具，揭示和表达俄罗斯民族文化传统的内涵，建立具有独创性的哲学。索洛维约夫在这方面取得了巨大的成绩。一切统一学派以及与之相关的其他宗教哲学家们在俄罗斯哲学史上都留下了深深的足迹。然而，我们发现，无论是一切统一学派，还是宗教复兴运动（包括新宗教意识），随着其代表人物在 20 世纪中后期相继去世，都纷纷终止了自己的存在。曾经辉煌一时的俄罗斯宗教哲学后继无人。为什么会出现这样的现象？是俄罗斯民族传统的内涵不够丰富，已经完全被揭示出来了，哲学可以寿终正寝了吗？还是西方哲学的工具根本无法表达俄罗斯丰富而深刻的民族精神？是俄罗斯哲学家们不善于利用西方哲学的有效工具？还是他们把手段当成了目的，即陷入西方哲学而不能自拔，从而忘记揭示民族精神传统的任务？或者，在东正教与哲学之间真的存在着鸿沟吗？这些问题已成为当今俄罗斯哲学界部分学者研究的课题。

值得注意的是，遭遇终结命运的俄罗斯哲学流派或者直接追随索洛维约夫，或者与其宗教哲学密切相关。但是，在20世纪30年代前后，个别俄罗斯宗教思想家开始偏离索洛维约夫所开创的哲学传统，其中最著名的就是弗洛罗夫斯基。他反对过分迷恋西方哲学传统，号召返回到希腊传统，即教父哲学。他把教父哲学和拜占庭的东正教传统当作衡量是否偏离东正教的唯一标准。他反对一切统一学派、索菲亚论等宗教学说，认为它们都偏离了东正教，这也是他写作《俄罗斯神学之路》的主要动机之一。但是弗洛罗夫斯基并不盲目地崇拜教父哲学，而是主张对其进行创造性的继承和发展，这就是所谓的"新教父综合"。属于这个流派的还有弗·洛斯基，他也与俄罗斯宗教复兴运动对立，主张返回到东方教会的神秘主义传统。他曾亲自主持了对布尔加科夫神父的索菲亚学说的全面而系统的揭露和批判。凯林、什梅曼和梅延多夫等人在他们的影响下也都加入到这个行列中来，整理和宣传东方教会传统的精神遗产。当代俄罗斯著名哲学家霍鲁日先生很重视"新教父综合"学派思想，他承认，这主要是个神学学派，而不是哲学学派。但同时他认为在"新教父综合"神学中包含着丰富的哲学思想，这将是俄罗斯哲学的新生长点和未来发展的方向。①

---

① Хоружий С. С., Указ. соч. сс. 35 – 61.

　　东正教对俄罗斯人世界观的形成发挥了决定性的作用。随着东正教的传入，俄罗斯人接触到了西方哲学的传统，但是长时期内在俄国并没有产生独立的哲学。俄罗斯人自己的早期哲学思想散见于东正教信仰的丰富的传统之中。直到19世纪，俄罗斯哲学才从东正教信仰传统中逐渐独立出来，但它始终没有完全脱离东正教传统的影响。尽管俄罗斯哲学是在德国哲学影响下产生的，但它一开始就追求独创性，努力创造独立的哲学传统。俄罗斯哲学产生和发展的土壤和空间是拥有近千年传统的东正教。尽管俄罗斯哲学中有世俗化倾向和无神论流派，但它们不能代表俄罗斯哲学的主流。具有独创性的俄罗斯哲学是宗教哲学，真正有独创性的俄罗斯哲学家们都是信徒，至少都有虔诚的宗教情怀，这是他们哲学创作的动力和源泉，也是使俄罗斯哲学区别于西方哲学的主要根源。津科夫斯基甚至认为，俄罗斯哲学学说都是由东正教所赐予的感悟决定的。① 因此，可以说，是东正教使俄罗斯哲学具有了民族特征，不同于西方哲学传统的特征。霍鲁日先生甚至认为，俄罗斯哲学发展的过程就是哲学与东正教相遇的历史。② 毫无疑问，俄罗斯哲学中有独创性的哲学思想都与东正教有关。至于哲学家们的宗教情感离正统的东正教有多远，这些哲学学说在多大程度上符合正统的东正教教义，或者一般地说，俄罗斯哲学与东正教之间到底是个什么

----

　　① Зеньковский В. В., История русской философии. II（2）. Париж, 1950, с. 235.

　　② Хоружий С. С., Философский процесс в России как встреча философии и православия. //О старом и новом. СПб., 2000, сс. 62 – 116.

关系？是否可以说俄罗斯哲学是东正教的哲学？是否存在着俄罗斯的东正教哲学？这些问题自身就是永恒的问题，是具有俄罗斯特色的哲学问题。以宗教哲学为主体的传统的俄罗斯哲学在一定程度上就是对这些问题的回应，同样，今天和未来的俄罗斯哲学也无法回避这些问题。

乌兹别克斯坦民族哲学的
历史与今天

［乌］谢尔穆哈梅多娃 H. A.

（乌兹别克斯坦塔什干国立大学乌兹别克斯坦哲学）

21世纪初，全世界在政治、经济、社会精神方面发生了全球性变化，我们需要向前看。但只有回顾过去，才能理解全球性变化的意义。因此，为了解乌兹别克斯坦当代民族哲学的本质，我们必须关注其历史根源，回溯到古代。

众所周知，公元前八世纪的古文献"鄂尔浑碑文"首次提出了中亚地区的哲学思想。圣书《阿维斯陀经》拥有巨大的价值（2001年是其成书2700周年），无论在中亚，还是在中东，它都被尊为金科玉律。三千年前《阿维斯陀经》中提出了"善思，善言，善事"① 的主要思想，这一思想在当今全球化大背景下的意义越来越重大。《阿维斯陀经》哲学的

---

① 《阿维斯陀经》，马赫卡莫夫译，东方出版社2001年版。

独特性在于，它讲述了宇宙起源以及善恶之间存在永恒的斗争，介绍了合理利用自然资源，特别是利用水的方法，阐述了医学，谈及了教育对于塑造和谐、成熟的人格的必要性。

随着八至九世纪伊斯兰教这一新式宗教在中亚的传播，社会关系发生了改变。伊斯兰教逐渐成为中亚河中地区人民精神生活的一部分。特别是该地区贸易、灌溉农业和手工业的成熟，使得人们加大了对经验知识的需求。中亚一批优秀的思想家为天文学、几何学、地理学、医学、哲学等知识领域的发展做出了重大的贡献。在总结人民的丰富经验，并创造性地研究其他民族优秀成果的基础上，中亚学者提出了生命存在的自然科学原理。

中亚自然科学知识的第一批奠基人是著名的数学家和天文学家法尔加尼（9世纪），杰出学者穆萨·霍列兹米（790—847年）和阿里·法拉比（873—950年）。穆萨·霍列兹米的科学著作《天文表》《日晷论》以及其他很多作品，对东西方国家科学思想的发展产生了重大影响。他创立的运算系统以及一元、二元方程式迄今为止都具有很高的科学价值。

阿里·法拉比的著作说明，他学习了当时世界文化的诸多成就。他写过一篇关于亚里士多德《形而上学》的评论。阿里·法拉比证明了物质世界的客观存在，以及人类认识世界的可能性。为了阐释数学概念的起源，阿里·法拉比提出了各种数学概念，如线、面和体。阿里·法拉比把这些概念作为现实事物的衍生物，驳斥柏拉图的唯心主义理念观。通过对生物体的分类，阿里·法拉比强调植物界、动物界和人类世界之间存在着显著差异。在《论哲学的基本思想》这部著作中，阿里·法拉比证明了"人是会说话的生物"，并断言，"所有人都有一个共同的本性，但他们又会因各自的特点而各有千秋，就像冰与开水、黑色连衣裙和白色连衣裙不同一样"。因此，阿里·法拉比诠释了亚里士多德关于人是一种社会动物的观点。这种观点也类似于孔子提出的"性相近，习相远"。

阿里·法拉比将科学从理论角度划分为逻辑学、自然科学、数学，从实践角度划分为伦理学和政治学。他认为，人借助感官、智商和推理去认识物质世界和它的本质。根据法拉比的观点，一个人有五种感官，通过外部物体对感官的刺激产生了感觉①。阿里·法拉比认为，视觉如同一面镜子，当直视某个物体时，视觉就会反映出这个物体。人类之所以会有听觉，是物体相互接触之后，产生的气浪对人施加了作用。法拉比用具体的实例证明了，人的感性认识是在物质世界的基础上产生并发展起来的，它构成了人类认识的表层。但是，根据阿里·法拉比的观点，认识也有内在的一面，即想象力、幻想。他将认识的内在方面与理性活动联系起来，后者体现为一种绝对纯粹和永恒的精神。对于法拉比来说，存在的起因是上帝。阿里·法拉比的学说在国家管理方面同

---

① Хйруллаев М. ，Абу Наср Фаробий// Маънавият юлдузлари. Тошкент А. ? одирий номидаги хал? мероси нашриёти. 1999，Б. 61.

样意义重大。他认为，只有一个英明的领袖才能给予子民工作的机会，才能自信地将邪恶之城变为高尚之城。

令人高兴的是，伊本·西纳（980—1037年）的世界观是在阿里·法拉比学说的影响下形成的。他的哲学和自然科学的观点反映在《医典》《治疗论》《知识论》三部著作当中。伊本·西纳科学研究方法的特点是，根据条件、时间和地点的不同采用不同的方法去分析自然现象。他认为："任何一个事物，只要它出现了，发展了，存在了，就可以通过剖析各种原因去认识它。"[①] 伊本·西纳凭借该学说驳斥了非决定论。他还在医学理论的基础上证明了该学说思想。医学研究的是人体，因为人可能健康，也可能生病。医学应该探究健康和疾病的成因，并据此确定治疗的方法，以保护人类健康。如果人生病了，医学就要治愈他。伊本·西纳"关于一些疾病通过水体传播，其中包含许多无形'微生物'"的大胆猜想，比巴斯德关于微生物是传染性疾病病原体的理论早800多年。

伊本·西纳描述了各种药物。他注意到，药物的效力不仅取决于人的机体和人的身体状况，还与气候条件和季节有关。他研究了一些儿童疾病，谈到预防疾病需要注意饮食和卫生。他在论文《哈伊和他的儿子雅可赞》中强调了通过认识自我去领悟知识的必要性。

伊本·西纳学说杰出的后继者阿布·拉洪·贝鲁尼

---

① Болтаев М. Ибн Сина Тошкент，Шарк. 1999. Б. 98.

（973—1048 年）在他的著作《历史遗迹》中，通过研究文献资料、民间口头创作，并借助个人的观察，提出了一系列有价值的思想。他搜集到了有关希腊人、罗马人、波斯人、花剌子模人、犹太人、前伊斯兰阿拉伯人的风俗、信仰、数学和地理概念等历史信息。

贝鲁尼在《印度》一书中讲述了气候条件、河流和肥沃的土地，严厉批评了印度的婆罗门神话。他在自己创立的天文学说中，介绍了如何观测天体运动，严厉斥责了地球不动说这种宗教观念，他提出了地球可能围绕太阳旋转的假设。

贝鲁尼特别关注对自然现象的研究。他在《矿物学》这本书中分析了 50 种矿物和金属，并完全否认金属和矿物拥有奇异的属性。贝鲁尼介绍了中亚地区很多埋藏矿物和其他珍稀矿藏的位置。

贝鲁尼特别关注对物体的经验研究。他承认大自然的存在不取决于人的意志。他崇尚人类的理智，因为在他看来，他能够认识现实世界的各种现象和各种规律。贝鲁尼认为，通过经验获取知识是非常必要的。他批判那些空谈玄理之辈，认为他们假借全能的真主去解释物理现象。

贝鲁尼关于太阳的学说具有重要的意义。他认为，太阳是一个发热似火的球体。太阳光线的速度我们无法感知，没有什么比太阳光线的速度还快。可以通过对比声音传播的速度来了解太阳光线的速度。地球从太阳接收的热量存在于太阳光线当中。除了太阳的热量之外，地球还有地壳内部的地热。地热涌出地壳到达地表，并在这里与太阳的热量相遇。

贝鲁尼关于海外大陆的假说，在 1492 年哥伦布发现美洲大陆后得到证实。

13—14 世纪，民族哲学思想出现了新的方向——尤素福·哈马多尼、艾哈迈德·亚萨维、伊本·阿拉比、加扎利、纳克什班迪等哲学家创立的学派。亚萨维创作的哲学诗歌作品《警言集》，是用一种通俗易懂的古乌兹别克语写成的。亚萨维在《警言集》这部诗歌中阐述了苏菲派的学说原理。谈到伊斯兰教法的十个阶段，他描写了苏菲派的原则和十个优点。他宣扬放弃世界，禁绝肉欲，呼吁人们放下尘世真主。亚萨维和他的支持者们描绘了死后世界，试图证明物质世界的虚假和生命的阴霾。正因为如此，一个人必须接受命运，并忍受所有的压迫。因此，他们想减轻穷苦人的痛苦遭遇。亚萨维的名字与中亚苦行僧运动的发展密切相关。

与亚萨维不同，纳克什班迪的观点具有进步性。他认为："灵魂应该属于真主，双手应该工作。"[①] 这种观点在今天也并没有失去其意义。不同于早期的苏菲派，纳克什班迪的观点是针对禁欲主义的。他呼吁人们去工作，通过认识自我去感悟真主。纳克什班迪的思想对中亚各国人民的文化和文学发展产生了积极的影响。鲁米、贾米、萨迪·舍罗兹等许多诗人都是纳克什班迪进步思想的传播者。

14 世纪末 15 世纪上半叶，撒马尔罕的文化生活和经济

---

① Усманов М., Баховиддин Накшбандий. // Маънавият юлдузлари. Тошкент, А. Кодирий номидаги хплы мероси нашриёти. 1999. Б. 150.

生活迅速发展。在此期间，绘画、音乐、文学、书法、装饰艺术方兴未艾。这个时期最杰出的代表是伟大的帖木儿的孙子——乌鲁伯格。

乌鲁伯格在自己掌权的 40 年间，研究了法尔加尼、穆萨·霍列兹米、阿里·法拉比、贝鲁尼、伊本·西纳等人的著作。乌鲁伯格认真学习了天文学。《乌鲁伯格天文表》一书是他二十年钻研的结晶，他在该书中描述了 1018 颗星体。就准确性而言，他编写的天文表在后来的两百年间都是最完美的，而且时至今日学界对其仍兴趣不减。乌鲁伯格承认了世界的客观性，认为能够通过对实验数据和观察数据的理论概括，认识世界的客观规律。

纳沃伊是 15 世纪下半叶的代表人物，他是现代乌兹别克语的奠基人。纳沃伊世界观的核心是泛神论，但与极端的苏菲派神秘泛神论大不相同。与苏菲派的极端神秘主义不同，纳沃伊把大自然视为宝贵的财富，认为大自然能够造福人类。对纳沃伊来说，地球上的生命是真实而美丽的，而且人类应该活得有价值。他说："宇宙花园里的玫瑰多么美丽，但最重要的是玫瑰的生命。"① 纳沃伊呼吁人们要去学习，他认为，"知识和智慧是人的装饰品"，"真正的智者会边求教边学习"。纳沃伊盛赞那些为国家社会造福的农夫、石匠、音乐家、艺术家、诗人和学者。他说："不要白白浪费你的

---

① Имомназаров М. А. ，навоий// Маънавият юлдузлари. Тошкент， А. Ыодрий номидаги халы мероси нашриёти. 1999. Б. 208.

生命，去工作吧！要相信，劳动是自己命运的钥匙。"纳沃伊宣扬世俗知识和文化教育，他相信"正义君主的神奇力量"。在《五诗集》这部作品中，纳沃伊歌颂了正直、正义和智慧的力量。由于纳沃伊学说的人性化色彩，1942 年 2 月 10—12 日，被围困的列宁格勒（圣彼得堡）人民在冬宫的地下室庆祝了他的诞辰。此举引起了列宁格勒人民对他深深的敬意。

16 世纪至 17 世纪，布哈拉汗国与希瓦汗国，以及之后与浩罕汗国之间的战争，破坏了中亚地区一度的繁荣景象。杜尔迪·法尔科尼（？—1699 年）、米尔佐·贝基尔（1644—1721 年）等许多思想家批判蒙昧主义和暴政，崇尚启蒙和正义。这一时期，持续的战争导致知识水平低下，世俗知识的载体遭到破坏。

19 世纪 60 年代，欧洲出现了新的哲学思潮，而中亚仍停留在古代的水平。但是，多尼什、福尔卡特以及其他许多哲人却是中亚天空中最明亮的星宿。他们竭力让自己的国家摆脱严重落后的局面，让自己的人民不再目不识丁。在他们看来，实现这些目标的唯一途径就是对人民进行启蒙教育。他们的启蒙教育与法国哲学家的启蒙思想具有共通性。多尼什在自己的天文学学说中，一直都站在自然科学的视角去理解自然现象。他写过关于地球球形、行星运动的著作，认为日食和月食是能够进行预测的。他试图在大自然本身之中，而不是大自然以外去寻觅这些现象产生的原因。

福尔卡特反对盲目模仿经典。他发现，美就存在于真实的物质世界当中，而不是存在于这个世界之外。诗歌和文学应该与生活和实践紧密相连，因此他在自己的作品中对当时的社会关系进行了尖锐的批判。福尔卡特的功绩在于，他深入研究了纳沃伊的思想，认为纳沃伊真实地反映了文艺作品中的现实。

20 世纪初发生的诸多事件，极大改变了中亚的社会政治和精神生活，乌兹别克斯坦也包括在内。扎吉德运动的代表人物菲特拉特、别赫布基、霍贾耶夫等人，继承了多尼什和福尔卡特的启蒙教育事业，因此一批年轻人被送往伊斯坦布尔深造。这批学成归国的年轻人，尝试将欧洲的国家管理体系引入乌兹别克斯坦国内，并将所学的知识应用于国家的科技领域。福尔卡特认为，如果不吸收西方国家的新思想，社会就不可能发生变化。每一位扎吉德都在思想和行动上与邪恶做斗争，都在歌颂正直。

到了 20 世纪，中亚哲学才开始被称作民族哲学，因为这个时期中亚开始划分领土。正是由于领土划分，我们才能自豪地说，穆米诺夫、海鲁拉耶夫、舍尔穆哈梅多夫、尤苏波夫、图列诺夫、巴拉托夫、瓦利耶夫、图尔逊穆哈梅多夫、巴扎尔巴耶夫等院士，以及其他许许多多的学者为乌兹别克斯坦民族哲学的发展做出了杰出贡献。

我们可以自信地说，穆米诺夫（1908—1974 年）是现代民族哲学的奠基人。他钻研认识论，学习东西方哲学史。1933 年，穆米诺夫发表了《纳沃伊——伟大的启蒙者》一文，这篇文章揭示了纳沃伊教育人文活动的本质。

发掘 19 世纪末 20 世纪初的社会哲学思想，是穆米诺夫哲学研究的重要部分。他仔细研究了当时的社会和经济状况，批判地分析了现有的意识形态，并全面阐释了进步思想。

穆米诺夫毋庸置疑的价值在于，在纪念杰出的百科全书式学者贝鲁尼诞辰1000周年的国际研讨会上，他做了一篇报告。报告首次全面介绍了贝鲁尼所有的教育活动和科学创作活动。根据这篇意义非凡的报告，穆米诺夫用俄文、乌兹别克文、英文和法文出版了《来自花剌子模百科全书式的伟人》一书。鉴于在1973年为民族哲学发展做出的贡献，穆米诺夫当选为乌兹别克斯坦哲学协会主席。他也是《乌兹别克斯坦社会科学》杂志的第一任编辑。

穆米诺夫的杰出弟子，知名院士萨伊德·谢尔穆哈梅多夫（1930—2016年）是文化哲学领域的创始人。他认为，一个人的世界观反映在他的行为之中。人的情感可能会导致出现更多的错误，而过度的预见会使人的行为受限，并最终导致其崩溃[1]。他的"关于人——如果你不能把敌人变成朋友，那么不要把朋友变成敌人"[2]的思想，是要人与人之间保持真诚友好的关系。谢尔穆哈梅多夫的学说，主要是研究如何通过毕生不懈的教育去培养人的道德品质。他表示："书籍是知识的源泉，但不是每个人都能掌握这些知识。为此，一个人应该了解自己的人生立场和目标。"[3]

---

[1] Шермухамедов С. Инсон фалсафаси. Тошкент，Фан，2015. Б. 34.
[2] Шермухамедов С. Иносн фалсафаси. Тошкент，Фан，2015. Б. 16
[3] Шермухамедов С. Иносн фалсафаси. Тошкент，Фан，2015. Б. 35.

20 世纪另一位民族哲学的杰出代表人物是尤苏波夫（1928—2003 年）。他认为，民族意识形态会对一个人世界观的形成产生影响。他指出，每个人的思想倾向取决于社会条件、家庭以及自己的内心存在，而一个人要去做自己。

我们简单回顾了乌兹别克斯坦民族哲学形成的历史。乌兹别克斯坦的民族哲学既有多样性，又有统一性。我们的每一位哲学家都在宣扬纯粹的思想，倡导品行的端正和对事业的忠诚，并呼吁先要成为一个人。无怪乎北京举办的世界哲学大会以"学以成人"为主题。这一思想贯穿了整个哲学史。

21 世纪民族哲学的内容是什么呢？新一代能否延续他们祖辈的思想，能否遵循阿里·法拉比在他的著作《政治哲学》中所提出的倡议？能否理解菲特拉特关于当下存在两种不幸的人这种思想的本质？以及新一代能否克服困难，获得幸福？我们期待现代年轻人能够对这些看似简单，但又十分复杂的问题给出答案。人类自理智存在的那一刻起，就在尝试理解自身的存在，努力让世界变得更美好，但至今尚未实现。人类正是在历史上那场最血腥的战争中，发明和使用了核武器。

今天，在全球信息化的时代，当"大部分人希望工作清闲又薪酬丰厚，喜欢娱乐和个人休闲活动"的时候，我们需要一个民族的和全人类的哲学，它可以渗透到人们的心中，帮助人们了解生命的意义，并找到自己在社会中应有的位置。

"民族哲学"：后发国家的标志性话题

李 河

（中国社会科学院哲学研究所）

　　有一类概念初看似乎有理，细加分析却发现难以成立，但要否定它，又会发现它蕴含某些值得关注的内容——"民族哲学"的提法就属此类。近来笔者几次参加苏联地区国家的哲学论坛，发现人们在不约而同地谈论"民族哲学"。在此话题下，阿塞拜疆学者谈论阿国哲学、哈萨克斯坦学者谈论哈国哲学，依此类推还有白俄罗斯哲学、乌克兰哲学等。这样的主题和谈法初看起来没毛病，既然"各个国家都有各个国家的国歌"，各个民族当然应有它的哲学。

　　但稍加审视会发现民族哲学概念包含太多模糊内容。比如，"民族"指什么？是国际关系中作为基本政治主权单位的国家？还是也包括基于共同的地域、语言、传统记忆和生活方式而形成的、次国家的族群共同体？如果包含后者，那么能否说贝加尔湖周边散居的不足千人的民族也有自己的民族哲学?① 还有,民族哲学所说的"哲学",在用法上与通常理解的哲学是否相同?

针对这些问题,本文拟从四方面梳理民族哲学的含义:其一,民族哲学话题何以近年来会在新独立国家里时兴起来?其二,民族哲学的"民族"概念,在人类学语境和政治学语境中具有怎样的差异?其三,民族哲学中的"哲学"概念,究竟是单数语词还是复数语词?进而言之,单数形式的"哲学"与复数形式的"哲学"具有怎样的区别?其四,本文的结论是,民族哲学这类提法是所谓后发国家思想群体的一个标志性话语或身份符号。

一 旨在伸张思想主权的"民族哲学"概念

1. 文献检索:谁在谈论 National Philosophy(民族哲学)?

语词的意义在其用法,用法的第一要义是看谁在使用。想了解民族哲学的含义,先看看哪些人对它最感兴趣。笔者最早是在前苏地区国家的哲学论坛上听到民族哲学的提法的,人们使用这个说法,目的是唤起他人对其本土哲学的关注。说到本土哲学,国内学界谈论的也不少,但却不是借助"民族哲学"的名目——因为"民族"这个词在我国大多用来特指"少数民族",因而冠以"民族哲学"标题的文章多半是在谈论"少数民族"思想文化——相对于前苏国家学者

---

① 图法拉尔族,仅 800 多人,散居在贝加尔湖沿岸。

提出的以民族国家为本位的"民族哲学"，少数民族是次民族国家的单位。①

接下来笔者以 national philosophy 为主题词检索英语文献，所见如下：其一，"民族哲学"主题的文章在英语世界出现得很晚，数量很少。目前所见文章不到10篇，基本都出现在2013年以后。在此之前，美国"价值与哲学研究理事会"在2005年出版的文集《东非的社会和宗教关注》中曾列有"构建民族哲学"一章，但这篇仅仅3页的文字只是肯尼亚学者介绍该国总统莫伊的所谓"Nyayo 哲学"，相关论述几无哲学价值。② 其二，2013年后英语世界出版的"民族哲学"类文章的作者基本来自俄罗斯、乌克兰、立陶宛、波兰、土耳其和马来西亚。③ 其三，近几十年来，欧美国家的学者或学界基本没有谈论"民族哲学"的文章。这三点发现印证了一个事实：即近十年国际学界热衷谈论"民族哲学"的学者主要来自苏联与东欧国家。

2. 哲学的民族性："民族哲学"概念的弱版本

除了"民族哲学"，笔者还检索了另一个与之高度相近的语词，即哲学的民族性（the nationality of philosophy）。多年来，这个话题在汉语文献里热度不减。但在英语文献中，

---

① 云南大学教授伍雄武著有文章《中国少数民族哲学史研究三十年述评》提出，"少数民族哲学"是20世纪80年代以后兴起的概念。

② 参见英语文集 Social and Religious Concerns of East Africa：A Wajibu Anthology，edited by G. J. Wanjohim，2005 by The Council for Research in Values and Philosophy. Chapter 11，Constructing the National Philosophy，by James Good。

③ 参见 Serjii Rudenko and Serhii Yosypenko，"National Philosophy as a Subject of Comparative Research"，载 Sententiae，Volume XXXVII，Issue 1，2018，p. 120。

它与"民族哲学"一样也难觅踪迹。总结汉语文献该词的含义，可以提炼出以下几个陈述：

（1）提出哲学理论和写作哲学文本的哲学家总是属于特定的族群或国家，所以一切哲学都具有民族性。

（2）到目前为止，世上绝大多数哲学文本都是用自然语言写作的，每种自然语言都归属于具有特定地域和历史传统的族群或国家，所以一切哲学都具有民族性。

（3）每个哲学要处理的问题都来自本民族或本国，哲学家处理这些问题时离不开本民族或本国经验。即使要处理超出上述范围的问题，也需从本民族或本国的视野出发，所依赖的范式（paradigm 或 conceptual scheme）也主要由本民族或本国的神话、宗教、人生教导或诗性艺术作品等来提供。就此而言，一切哲学都具有民族性。

这三条关于民族性的陈述看起来对所有哲学家都是成立的。但它们之所以成立，其实因为人们通常认为它们是无关宏旨、不必深究的常识。一旦将它们放在思想的实验室去认真称量，就会发现这里存在着不少未必然的例外。譬如近代哲学的开山祖笛卡尔（1596—1650 年）是法国人，也是在法国名校读的书，但其一生的主要著述都是在 1628 年移居到思想环境比较自由的荷兰后完成的，他用的文字是拉丁文，① 他的《形而上学的沉思》以及普遍怀疑主张和"我思故我

---

① 本尼迪克特·安德森在《想象的共同体》说过，在拉丁文死亡之前，"民族国家"概念不可能在欧洲出现，参见该书中译本，吴叡人译，上海人民出版社 2005 年版，第 18 页。

在"的论断，似乎与当时法国的民族性没什么直接联系，甚至与他长期寄居的荷兰、最后客死的瑞典也没什么直接关系。要想界定他的思想的民族性，殊非易事。[1] 再比如被誉为"阿拉伯第一圣哲"的伊本·西纳（980—1037），他是塔吉克人，生于今天乌兹别克斯坦的宗教名城布哈拉附近，该地在他生活的时代先后属于萨曼王朝、喀喇汗王朝和伽色尼王朝的治下，晚年他前往波斯的伊斯法罕，最后逝世于哈马丹。由于其一生经历的王朝和国家众多，因此今天的词典史书只能笼统地称其为"中亚哲学家"，当然，由于其主要著作用阿拉伯文书写，他也常被称为"阿拉伯哲学家"。1980年伊本·西纳诞辰1000年时，在联合国教科文倡议下，阿拉伯联盟、伊朗以及一些中亚国家都对他进行纪念，至今塔吉克斯坦和乌兹别克斯坦的网站都把他列为自己本民族的哲学家。[2] 显然，要想说清楚伊本·西纳哲学的民族性是一件相当棘手的事情[3]。

---

① 法国思想史家富朗索瓦·阿祖维在《笛卡尔与法国：一种民族激情的历史》（译者苗柔柔等，人民大学出版社2008年版）将笛卡尔与法国联系起来。但该书的基本内容是，笛卡尔生前一直不兼容于法兰西，去世12年后其著作被路易十四时代当局列为禁书，其门徒也长期受到迫害。到了18世纪，法兰西在启蒙思想家引导下渐渐成为"笛卡尔式的国家"。因此，该书与其谈论的是笛卡尔的法国特性，不如说是谈论笛卡尔如何改造法兰西的思想特性。

② 《东方哲学史》（中古卷），第十五章第四节"伊本·西纳的哲学思想"。

③ 类似的例子不胜枚举。当代阿塞拜疆将生活于12世纪的尼扎米·阿丁·阿布·穆罕默德·伊里亚斯·伊本—扎克·伊本—穆阿亚德（简称"尼扎米"）推崇为其国家的第一圣哲，但尼扎米的所有诗歌作品都是用波斯语书写的，他是波斯文学史上的重要里程碑，而波斯文学史是现在伊朗、阿富汗、阿塞拜疆以及今天一些中亚国家共享的历史，因此如何界定尼扎米思想的民族性，也是个棘手的问题。

3. "民族哲学" 倡导国别性的思想史叙事

乌克兰基辅舍甫琴科国立大学副教授 Sergii Rudenko 在 "作为一个比较研究课题的民族哲学" 一文中提到，近几年立陶宛维尔纽斯大学聚集了一批来自立陶宛、乌克兰、白俄罗斯和波兰的学者，其共同旨趣是在比较研究的视域内发掘各自民族哲学的特性。这里的 "民族哲学" 强调哲学的国别性身份，并将这种身份意识贯穿于各国的 "民族哲学史编纂" （historiography of national philosophy）。Sergii Rudenko 指出，这项修史工作在乌克兰、立陶宛、波兰等已经开展起来，乌克兰最早的 "民族哲学史编纂" 出现于 20 世纪 90 年代，作者是 Vilen Horsky（1931—2007）。[①]

显然，编写国别性的哲学史，即编写以现代民族国家为本位的哲学史，是 "民族哲学" 关注的第一要义。当然，仅仅这一点无可厚非，因为数百年来，国别性的哲学史一直就是哲学史存在的主要形式，由此而有古希腊哲学、古罗马哲学、英国哲学、法国哲学、德国哲学等。不过，这里有一个值得注意的区别：从古希腊到德国哲学的国别性哲学史，总体来说都属于西方哲学史的范畴，而现在提出民族哲学史编纂目标的国家，大都是非西方世界的国家，或者是处于西方边缘的国家。这些国家提出的以民族国家为本位的 "民族哲学" 或民族哲学史编纂，主要是为建构或申明其自古以来特

---

① Sergii Rudenko, Serhii Yosypenko, "National Philosophy as a Subjuect of Comparative Philosophy", Sententiae 37：1，2018，pp. 120 – 123。

有和独占的思想主权。

　　思想主权无疑是从政治主权概念挪用而来，它将政治的主权诉求延伸到思想领域。这种主权延伸诉求在两种国家里表现最明显：一种是第二次世界大战之后尤其是冷战之后新独立的国家，它们在致力于建构本国政治主权的同时，也积极推进以自己国家为本位的独立文化叙事，以强化国民的文化认同，所以确立本国的"民族哲学"无疑是在精神层面上伸张主权。另一类国家并不是新独立的，其国家的政治史和文明史可能非常久远，思想文化谱系源远流长，但它们进入现代以来形成的思想史叙事在概念框架、范畴谱系和概念解释等方面基本是以西方哲学史为蓝本的，为此，撰写以自己国家为本位的原汁原味的思想史，显然具有收复思想史主权的意味。所谓"原汁原味"是说，这样的精神历史应该是"异西方的"（incommensurable）或"与西方无涉的"的。

　　4. "民族哲学"争论焦点：关注"民族"还是"哲学"？

　　显然，确立或收复思想主权是非西方国家学者撰写或重写民族哲学史的深层含义，这个观察提示着解读"哲学"与"民族（性）"关系的全新视角，即哲学政治学的视角。所谓哲学政治学就是从政治的角度（尤其是国际政治角度）看待哲学，它处理哲学与民族（性）的关系有其独特的范式特征，英国思想家波兰尼的"焦点意识—辅随意识"理论或许有助于说明这一点。

　　波兰尼在描述所谓"默会知识"（tacit knowledge）时提

到两种意识：一个是焦点意识（focus awareness），它与当下意识对象直接相关；另一个是辅随意识（subsidiary awareness），它指向伴随当下认知活动而出现的那些支援性的意识行为。[①] 比如钢琴家演奏，其焦点意识通常集中于对作品整体的把握和表现，但其辅随意识也会自觉不自觉地落到演奏时手部足部的动作细节，但这种意识仅仅处于伴随状态。如果他把焦点意识转移到这些辅助性线索，演奏有可能失败。但如果一个人初学钢琴，他的焦点意识恐怕就不能聚焦音乐作品的整体把握和表现，而要指向手部或足部的动作细节。

"焦点意识—辅随意识"范式让我们可以提出如下问题：谈论"民族哲学"或哲学的民族性的人，其焦点意识究竟是集中于哲学？还是集中于民族或民族性？

传统学院派的哲学家或哲学史家通常会把焦点意识集中于哲学，集中于使哲学成为哲学的本质要素，而民族或民族性只是附随意识的对象，这种附随意识是伴随性的、不必明示的，甚至是可以忽略的。反之，上述"民族哲学"或哲学的民族性的倡导者的焦点意识集中于民族或民族性，因而其基本旨趣是哲学政治学的，其核心问题是伸张或收复思想主权问题，在这里，哲学自身只是其附随意识的对象，即是伴随性的、甚至其本质含义完全可以被忽略的对象。由此我们便能读懂下面这段话："哲学是以民族性为存

---

① ［英］迈克尔·波兰尼：《个人知识》，许泽民译，上海人民出版社 2000 年版，第 83—86 页。

在方式的，没有民族性的哲学和文化是不存在的。尽管哲学具有超越民族性的普遍性、人类性和共同性的结构和内容，但一般说来，无民族性则无哲学，哲学的民族特色内容和民族风格形式成就了哲学。"① 这段论述的焦点意识一望而知是在民族性而不是在哲学上，由此会得出"无民族性则无哲学"的论断。它大致等于说，如果柏拉图少了条腿，那便没有哲学了。

二　"民族哲学"中的"民族"：政治学意涵 vs 人类学意涵

把焦点意识放在"民族哲学"中的"民族"，意味着把"民族"当作对"哲学"拥有占有关系的主词，为此需先行追问"民族"的含义。唯有澄清了"民族"可能具有的含义项，才能了解人们可能在何种意义上谈论"民族哲学"。

1. "民族概念"的初始语义结构：血缘的、政治的与文化的

无论在中国还是西方，"民族"一词都包含着多个既有区别又有联系的语义项，不同学科的学者（如政治学者与人类学者）、不同地区的学者（如西方学者与非西方哲学）对这些语义项的关注重点不同，对这个词的用法也就不同。譬

① 龚晓珺、贺金瑞：《试论哲学的民族性》，载《马克思主义哲学论丛》2014 年第 4 辑，总第 13 辑，第 310 页。

如，人类学家倾向于认为，民族是自然生成的，但政治学家则大多强调，民族是"想象的""建构的"，总之是"人为的"。主流西方政治学者认为，语词 nation 所代表的民族是近代世界的构成物，而主流中国学者则认为，与 nation 相对应的"民族"概念在中国自古有之。

从翻译看，与汉语"民族"对应的英文词有 nation、nationality、people、ethnic group 和 race 等，它们可被划归到民族概念的三个语义项：Race：主要表达民族概念的血缘和基于血缘的种族含义，它是发源于 1800 年代的早期人类学（主要是体质人类学）高度关注的对象；Nation：主要表达民族概念的政治学含义，它在指称政治单位时意谓着"民族国家"（nation - state），在指称具有统一政治身份的群体时又意谓"国族"（state - nation），这是当今国际政治体系的基本政治单元；Ethnic group：集中表达着民族概念的文化人类学含义，如处于同样地域的人使用同一的语言，具有同样的信仰和相近的历史谱系记忆，具有相近的习俗和生活方式，等等，这个词在汉语中通常译为"族群"。

西语涉及的民族概念的三个语义项，同样存在于汉语自古而来的民族概念。近有学者考证，汉语"民族"一词早在南北朝已见于史书，它有时是对各类人群的泛称，有时专指不同于"皇族""巨族"或"望族"的普通人群。① 相比之下，构成该复合词的两个单字"民"与"族"早在甲骨文时

---

① 郝时远：《中文"民族"一词源流考辨》，《民族研究》2006 年第 4 期。

就已存在，其中"族"字承载着今日"民族"一词的基本含义，① 它依中国传统的"家国天下"结构生成了几个高度相关的意义层：（1）"族"是基于血缘的亲属共同体，如宗族、家族、氏族、父族、母族、亲族、九族等；（2）"族"是基于特定地域而结成的自然政治共同体或军事政治组织，如周制百家为一族，这个族便是一个准军事单位；（3）"族"在华夷之辨意义上用于区分"我/他"关系，比如那句最著名的断语，"非我族类，其心必异"。由此可见，前面所述西语民族概念的三个语义项，即血缘亲族、政治单位和文化单位，在汉语"族"或"民族"概念中同样存在。

2. 当代民族概念的语义二元项：政治的 vs 文化的

虽然民族一词的初始语义结构包含三个语义项，但在经历了第二次世界大战之后，强调和凸显民族的"血缘种族"特征的"人种学"或"种族学"研究在欧美学界受到全面扼制，由此民族一词的第一个语义项逐渐被屏蔽。这个群体性学术忌讳的出现有着深刻历史原因。我们知道，西方人类学发轫于 19 世纪初对血缘"种族"（race）的研究，自那之后，西方"人种"或"种族"人类学繁荣了百余年，它在大大推动体质人类学发展的同时，也为欧洲日益蔓延的种族主义（racialism，racism）充当了急先锋，这种意识形态在纳粹德国被发挥到极致，带来人类史上的前所未有的灾难。有鉴

---

① "族"的本义就是"类""集聚"，如《尔雅·释木》云："木族生为灌。"《庄子·在宥》云"云气不待族而雨。"现代语言学中依然使用着"语族"的说法。当然，它主要用于人群维度的分类。

于此，第二次世界大战后西方主流人类学界禁提种族（race）研究，race 成为语词禁忌。"到 20 世纪 60 和 70 年代，文化意义的族群研究（study of ethnic group）日渐兴盛，彻底取代了生物学意义的种族研究（study of race），文化意义的族裔概念（ethnicity）成为在竞争中取胜的术语，……成为一个相对纯洁的术语。"[①]

随着基于血缘的人种学或种族学研究的式微，民族概念渐渐形成稳定的二元语义：一个是以 nation 为代表的政治学意义的民族概念；另一个是以 ethnic group 为代表文化人类学意义的民族概念。当代大多讨论民族或民族主义的著作，大多都会对这两个语义项进行辨析。

先看 nation，它无疑是西语中表达民族概念时最常用的语词。这个词脱胎于拉丁文 natio，按照法国学者吉尔·德拉诺瓦的考证，这个拉丁语词的初义是"出生"，而它的拉丁语近义词 genus（类属）的初义也是"出生"。"出生"包括"生于同一血缘"和"生于同一地域"，由此 natio 与 genus 都衍生出与"外来人"（foreign）相区别的 native（即"本地人"）与 indegene（即"土生土长"）。[②] 到 18 世纪，随着欧洲加紧建构民族国家，奥匈帝国的一些文献开始用 nation 指

---

① 引文见河南大象出版社 2008 年出版的译著《剑桥科学史·第七卷：现代社会科学》，第 617 页。本书第四十一章"种族与社会科学"为笔者所译，通篇探讨西方人类学种族研究的兴衰。

② ［法］吉尔·德拉诺瓦：《民族和民族主义：理论基础与历史经验》，陈彦、于硕、吉尔·德拉诺瓦主编，郑文彬、洪晖译，生活·读书·新知三联书店 2005 年 12 月版，第 4 页。

称那些"世居本地的并建有独立国家的人群"，① 正是在这个语境中，nation 一词才形成了其两可含义：它既可以指政治学意义的国家（即所谓"民族国家"，nation – state），又可以指在这个国家中拥有共同政治身份的人群，（即"国族"，state – nation）。按照美国人类学家本尼迪克特·安德森的看法，这种以 nation 为代表的民族概念在 18 世纪的欧洲得到广泛使用，② 这印证了英国民族主义研究大师厄恩斯特·盖尔纳的判断，即"民族（nation）是现代性的产物"。

然而，以民族国家为本位的政治学意义的民族（即 nation），并不能涵盖民族概念的全部含义，因为在民族国家中，除了具有共同政治身份的人群外，还存在着所谓"次国家共同体或群体"（sub-nation communities or groups），这些群体泛指一切"没有建立单独国家"的少数人群体，如美洲或澳洲土著、少数民族、移民群体等，它们赖以维系的纽带主要是血缘、地域、语言和共同的文化记忆等有助于族群认同的文化因素，而不是国家政治权力因素。为凸显这种文化构成因素，英语世界学者尤其是人类学和文化领域的学者倾向于用 ethnic groups（通译为"族群"）而不是 nations 来指示这类人群。

ethnic 的词源比 nation 一词古老得多，它脱胎于古希腊语的 ethnos，其初义是指具有共同文化因素的血缘群体，由

---

① 朱伦：《民族共治——民族政治学的新命题》，中国社会科学出版社 2012 年版，第 33 页。
② ［美］本尼迪克特·安德森：《想象的共同体》，第三章，"民族意识的起源"。

此它与 ethos（风俗、习惯等群体行为特征）、ethique（伦理规范）等词高度接近。① 由于这个原因，自 20 世纪 30 年代起，这个表达"文化意义的群体"的语词日益为西方人类学界所接受，并迅速和彻底地取代了以前人类学界高度关注的"人种"（race）研究，与此同时，ethnic group 作为文化人类学维度的民族概念，也与政治学意义的民族概念即 nation 划清了界限。

3. 两种意义的"民族"与两种意义的"民族哲学"

对人类学意义的民族（ethnic group）与政治意义的民族（nation）加以区别是极为重要的，在英国政治哲学大师盖尔纳看来，当代民族主义产生的主要根源就在于混淆两者的区别。他说："民族主义的定义，旨在使文化和政体一致，努力让文化拥有自己的政治屋顶。"② 这句话的意思是，民族主义的基本诉求是使某个人群的文化疆界与政治疆界相互重合。这种对两个疆界重合的诉求导致了两种相反的民族主义形态：一种是非官方民族主义，它表现为某个特定族群（如加泰罗尼亚人）提出的建立政治国家的诉求；另一种则是安德森所说的官方民族主义，它希望以政治意义的民族取代文化意义的民族。③

以上对政治学维度和人类学维度的民族概念的甄别，让

---

① ［法］吉尔·德拉诺瓦：《民族与民族主义：理论基础与历史经验》，第 5—6 页。

② ［英］厄内斯特·盖尔纳：《民族与民族主义》，韩红译，中央编译出版社 2002 年版，第 2 页。

③ ［美］本尼迪克特·安德森：《想象的共同体》，第六章，"官方民族主义和帝国主义"。

我们可以区分两种"民族哲学"：一种是政治学意义的"民族哲学"，即"以政治国家为本位的'民族哲学'"——这正是英文 national philosophy 的本义。这里的 philosophy（哲学）是单数名词，它提示着一种排他性和独占性的哲学观，即把哲学视为政治意识形态；另一种是人类学意义的"民族哲学"，它关注少数民族、移民群体、土著族群等各种次国家共同体的"哲学"，与其对应的英文多是 philosophies of ethnic groups，其中 philosophies（哲学）的名词形式是复数，该形式无疑体现着多元和包容的立场。总之，单数意义的"国族哲学"与复数意义的"族群哲学"构成了多民族统一的政治国家内部的两种哲学叙事景观。

值得注意的是，"民族哲学"概念在人类学语境和政治学语境中的使用逻辑往往是不同的。

人类学意义的"民族哲学"通常坚持彻底的哲学多样性乃至文化多样性立场，即它一方面在政治国家内部坚持每个次国家民族（ethnic group）都有自己独特的哲学，并且这个哲学与政治国家建构的国族哲学是等价的；另一方面在面对外部世界时同样主张，世上存在多种民族哲学，自己的哲学只是其中之一，自己的哲学与其他民族哲学是等价的。这是第二次世界大战以来，尤其是半个世纪以来欧美左派知识分子极力推崇的基本原则。

人类学意义的"哲学多样性"主张及其相关的包容原则固然可爱，但在实践运作上却非常脆弱，容易碰壁，其最大的挑战在于，当一些秉持排他性和独占性信念的文化或哲学入侵一个秉持多样性和包容性原则的社会时，这个社会往往会显得软弱无力，进而造成日益严重的社会内部危机，这正是欧盟目前遇到的最大挑战。人类学的多样性和包容性原则所遇到的窘境，让人们想起卡尔·施密特谈论政治本质时所作的断言："国家不仅是统一体，而且是决定性的统一体，这是由政治的性质决定的。据此，多元化理论只是一种令国家解体或争论不休的理论。……它忽视了所有国家理论的核心概念——政治。"①

与上述人类学意义的"民族哲学"概念相对立的，是秉持排他性和独占性立场的"民族哲学"概念。这个概念在面对国外和国内语境时通常会采取两套话语逻辑，即所谓"内部的普遍主义 vs 外部的特殊主义"②：它面对外部世界时往往主张"人类学意义的多元和包容原则"，承认哲学是复数的，自己国家的哲学是"复数哲学"的一部分，各国哲学都是等价的；反过来在国内，则会强调政治学意义的排他性和独占性立场，否认次国家共同体的哲学与国族哲学等价。这种外部特殊主义和内部普遍主义明显包含着逻辑矛盾，但却在许多国家中行之有效。

总之，"美言不信，信言不美"，这似乎是对以上人类学态度与政治学态度的绝妙写照。

---

① ［德］卡尔·施密特：《政治的概念》，刘宗坤等译，上海人民出版社 2015 年 1 月版，第 53 页。

② 拙文：《传统：重复那不可重复之物》，《求是学刊》2017 年第 5 期。

三 "民族哲学"中的"哲学"：
单数性的 vs 复数性的

这一节的焦点意识锁定在"民族哲学"的"哲学"。前面谈到，秉持人类学多元立场的"民族哲学"概念倾向于对"哲学"作复数形式的理解，认为凡人类群体都（应该）有各自的哲学。即使是在政治学意义上坚持哲学即意识形态的论者，在面对强势外部哲学挑战时也往往声张哲学的复数形式，强调本国哲学的例外论。

1. 单数形式的哲学 vs 复数形式的哲学

从更大背景来看，近几十年全球流行去逻格斯中心主义＋去西方中心主义时尚，其重要特征之一就是将一些重要概念的单数性形式改写为复数形式。譬如法兰克福学派的阿多尔诺在《启蒙的辩证法》中高调批判的"文化工业"（cultural industry）是单数名词，它指向的是那种崇尚娱乐、弃绝超越性追求和反启蒙的文化观念。时过境迁，半个世纪年后联合国教科文组织重新启用这个概念，但却将其语词形式改写为复数（cultural industries），由此该概念摇身一变成了尊重大众文化民主权利、满足大众多样文化需求的"文化产业"概念。从这个角度看，当今"民族哲学"所代表的多样性哲学观念应该也是这个广泛而深入的"变性"活动的一部分。1998 年，美国学者柯林斯（Randall Collins）推出了一部新颖的世界哲学史——《哲学的社会学——一种全球的学术变迁理论》（The Sociology of Philosophies），这里的"哲学"明显采用了复数形式。该书的主旨是进行世界范围内"学术共同体的比较研究"，其论域覆盖古希腊哲学、犹太哲学、中国哲学、印度哲学、阿拉伯哲学和日本哲学，等等。值得注意的是，在这本中译文达1千多页的巨著里，居然没有一处论及"什么是哲学"，而这个问题对该书来说恰恰具有头等的重要性。显然，作者不想陷入相关的概念争论，该书采取的一个不言自明的前提是：每个文明、每个国家、每个族群都有自己的哲学和哲学家。①

与这种复数形式的哲学史叙事形成鲜明对照的是，从黑格尔的《哲学史讲演录》（Vorlesungen über die Geschichte der Philosophie）开始，几乎所有传统意义的哲学史著作，包括文德尔班的《哲学史教程》、罗素的《西方哲学史》、梯利的《西方哲学史》以及劳特里奇的《西方哲学史》等，其"哲学"的西文形式都是单数的，与这种单数的语词形式相对应，所有这些哲学史都会在开篇围绕"什么是哲学"展开申论。

2. 哲学是什么？哲学不是什么？

单数和复数名词的"哲学"有重大区别吗？显然是有的。将"哲学"写为单数名词，意味着确认哲学作为哲学有

———————————

① 有意思的是，在这部上下两大卷、中译文长达1千多页的巨著中，包括在其长达160多页的第一章"理论框架"中，竟没有一处对"什么是哲学"的问题给予讨论。各个文明中被称为"哲学家"的人，都是作者所说的"最有思想创造性的人"、"生产非语境性观念的人"，等等，但这些限定词显然适用于比如宗教领域、文学家，等等。参见柯林斯《哲学的社会学——一种全球的学术变迁理论》，吴琼等译，新华出版社2002年版。

自己的独特含义，人们据此识别出什么是哲学，什么不是，哪些人是哲学家，哪些不是。譬如黑格尔在《哲学史讲演录》"导言"便对以下问题进行了逐次讨论：什么是哲学？什么不是哲学？那种"追求永恒不变、自在自为真理的哲学"如何会有一个在时间中变动不居的历史？①

虽然"哲学"一词通常具有单数形式，但哲学家对"哲学"单数性内涵的理解却是高度复数性的。这里值得一提的是罗素对"哲学"的界定："哲学是介乎神学与科学之间的东西（Philsophy is something intermediate between theology and science）。它和神学一样，包含着人类对那些迄今仍为科学知识所不能肯定的事物的思考；但它又像科学一样，依靠人类的理性而不是依靠权威，无论这是传统的权威还是宗教启示的权威。"②

这个界定的鲜明特点是用排他法来澄清"哲学"的含义，即它首先强调"哲学不是……"，或者说，"哲学虽然与……有关，但却不是……"。从古希腊哲学的发生轨迹来看，哲学最早产生于神话、原始宗教、基于传统或习俗的人生教导或伦理教条。此外，哲学的发展也一向与宗教教义论证、人生教导宣示密切相关。然而，苏格拉底以来的主流哲学传统同时强调，哲学不同于神话、不同于史诗、不同于那些未经追问的美德教导。正因为古希腊出现了"哲学不是什

---

① ［德］黑格尔：《哲学史讲演录》第一卷，贺麟、王太庆译，商务印书馆1981年版，第13页。

② ［英］罗素：《西方哲学史》，马元德译，商务印书馆1981年版，第1页。

么"的问题,后人才把古希腊当作 philosophia 暨狭义的"哲学"的故乡。从那里萌发的哲学一向标榜自己是门以理性和反思的方式,对各理论领域中的基础原理、概念和假定进行系统怀疑和追问的学问,这个学问后来被称为"形而上学"。这种透彻根底的追问使哲学家对任何常识、成见和传统总抱有怀疑批判的态度,因此哲学在骨子里是自由的和启蒙的。再有,哲学的追问恰恰是以制造概念、锻造"思想工具"为其根本学科特征的——而全部的现代科学技术史告诉我们,以打造"思想工具"为己任的哲学是现代一切工具和技术科学的母体。需要说明的是,即使今日哲学家的论题发生了巨变,即使许多非理性哲学家以批判理性为能事,但揭示实在的真相、对一切借权威而来的论断的怀疑、透彻根底的追问和反思,以及酷爱打造"思想工具"(包括话语工具)的乐趣,依然是哲学家区别于其他学问家的重要知识社会学特征。

3. "X 国哲学" vs "哲学在 X 国"

显然,如果坚持对"哲学"的单数性理解,人们面对"民族哲学"时就会将焦点意识放在"哲学"一边,由此得出以下基本陈述:

(1)哲学家之为哲学家的重要理由不在于他们的国籍或族群身份,而在于他们的思考、提问和论证方式。因此,按照我国现代逻辑创始人金岳霖先生的看法,"中国哲学"、"法国哲学"这样的说法是不准确的,准确的说法应该是"哲学在中国""哲学在法国"等。人们正是根据这个含义,从不同国家中识别出哲学家的群体。

（2）坚持单数性的"哲学"，还倾向于贬低自然语言的价值，认为它们不够精确（例如弗雷格对自然语言 3 个缺陷的讨论），强调"哲学"应是超越自然语言差异的概念语言。即使是那些栖身于自然语言的哲学观念，它们也应具有超越自然语言的"可通约性"，比如中文虽然与阿塞拜疆语不同，但它们可以表达共同的哲学命题。当然，为减少自然语言之间的翻译成本，哲学家往往会选择某一自然语言（如英语、德语）来充当公共的学术语言，一部分自然语言承担着"共通语"的角色。

（3）基于理性的怀疑、反思和追问态度，使哲学追求与科学一样的理想，追求科学所寻求的确定性，相反它对于习俗、历史、传统等经验性内容总是保持批判态度，这种哲学呈现着强烈的反传统、非历史的姿态。由于这个原因，"单数性的哲学"成为许多后发国家开启现代启蒙的重要内容。

以上三点显然与本文第一节关于"哲学的民族性"的几个推论全然相反。需要说明的是，陈述 1 提到"X 国哲学"与"哲学在 X 国"这两个表达式，是对复数形式和单数形式的"哲学"的准确表达。前面提到，这两个表达式的发明权属于我国的金岳霖先生。他在 1930 年为冯友兰先生创制的《中国哲学史》作评论时指出："哲学有实质也有形式，有问题也有方法。如果一种思想的实质和形式均与普遍哲学的实质和形式相同，那种思想当然是哲学。如果一种思想的实质与形式都异于普遍哲学，那种思想是否是一种哲学颇是一问题。有哲学的实质而无哲学的形式，或有哲学的形式而无哲学的实质的思想，都给哲学史家一种困难。'中国哲学'，这名称就有这个困难问题。所谓中国哲学史是中国哲学的史呢？还是在中国的哲学史呢？"①

在上述引文中，金岳霖先生显然对哲学持有单数性理解，他因此发现，"中国哲学史"的概念深陷于"中国哲学/哲学在中国"的吊诡处境。所谓"吊诡"是说，这是一个与思想发展程度有关的无解问题。仿佛是有意为此提供新的佐证，在86年后的波兰，哲学史家托马茨·莫洛茨在《波兰哲学史的若干问题》的第一章即提出"Polish Philosophy or Philosophy in Poland?"（波兰哲学还是哲学在波兰）。② 两年后，乌克兰哲学史家也按照这个套路提出了"乌克兰哲学，还是哲学在乌克兰"的问题。从文献索引笔者找不到他们是否参照了金岳霖提问的证据，我们或许可以将这视为非西方国家在编纂民族思想史时的一种集体无意识情结。

4. 哲学：徘徊于特殊主义与中心主义之间

如果说对"哲学"的单数形式提供了将哲学区别于其他观念形式的根据，那么强调复数形式哲学的"民族哲学"便面临着一个难于克服的困难：它无法有效地说明，某一国或某一族群所特有的"哲学"究竟与传统的神话、宗教、道德

---

① 参见金岳霖对冯友兰《中国哲学史》一书的审查报告，载该书商务印书馆2004年版，第486页。

② Tomasz Mroz, Selected Issues of the Histroy of Polish Philosophy, 转引自 Sergii Rudenko, Serhii Yosypenko, "National Philosophy as a Subjuect of Comparative Philosophy", 载 Sententiae 37：1（2018），p. 122.

教义或文学有什么区别？它时刻面临着黑格尔早在二百多年前就以反讽的口吻提出的问题："人们不是已经把一切都称为哲学和哲学思想了吗？"①

的确，在现实中我们经常看到这样的例子。譬如谈到俄罗斯哲学，很多人会说，俄罗斯没有西欧意义的哲学，它的哲学主要由俄罗斯本土的宗教哲学或文学叙事所表现的。谈到中国传统哲学，人们也会说，中国古代没有西方意义的哲学，它的哲学主要体现在经学传统中。这些说法提示着一个事实：对于倡导"民族哲学"的人群来说，重要的问题不是"什么是哲学"，而是"什么可以被视为'哲学'"，或者"什么可以被翻译为'形而上学'？"。譬如，东正教的学说或陀思妥耶夫斯基的作品可以"被视为"俄罗斯的哲学；中国传统的"四书"可以"被视为"中国的哲学。

"被视为'哲学'"，这是俄罗斯东欧"民族哲学"或民族哲学史编纂的基本特征。然而，面对这个"被视为"结构，人们依然要考虑，这里被视为哲学的东西，是否存在着与宗教和文学相区别的知识社会学特征呢？正是在这里我们看到了一条分界线：如果说严格意义的哲学史曾展示了一条使哲学从地域性神话、宗教和道德教义走出来的道路，那么信奉特殊主义的"民族哲学"观念则似乎开启了一条回头路，即让哲学重新走回到过去的神话、宗教和道德教义那里去。在这条道路上，人们不再具有无功利的锻造思想工具的

①　参见《哲学史讲演录》第一卷，第12页。

热情，而是日益陶醉于使用古老的思想工具去生产思想，我们很难说它本质上是不自由的，但却可以确定地说它是反启蒙的。

当然，对后发国家来说，坚持对"哲学"的单数性理解确实面临着令人不快的后果，因为单数的"哲学"不承认各种民族哲学是等价的。中国学术共同体多年来不得不接受一个判断："哲学在中国"与"哲学在德国"不是个等价的概念，这一说法进一步触及黑格尔《哲学史讲演录》以来二百多年来通行的各种"世界哲学史"的秘密。我们知道，黑格尔的《哲学史讲演录》是第一部从世界范围来叙述哲学史的著作，但黑格尔并不想平均关照地域意义的每个国家。他说，"哲学是时代的思想"，而这个时代的思想在他看来，是由思想上处于中心地位的国家地区来代表的，比如古希腊哲学、古罗马哲学、英国经验论、德国哲学，等等。这意味着，那些处于非中心地位的国家地区是没有资格进入"世界哲学史"的。由此可见，黑格尔心目中的"世界哲学"，绝不是"各个民族国家哲学的总和"。

也正是因为秉持着这样的哲学和哲学史观念，黑格尔在《哲学史讲演录》对中国的儒家思想没有给予应有的尊重："我们看到《论语》，里面所讲的是一种常识道德，这种常识道德我们在哪里都能找得到，在哪一个民族都能找得到，可能还要好些，这是毫无出色之点的东西。"① 根据同样的理

---

① 参见《哲学史讲演录》第一卷，第119页。

由，梯利在其《西方哲学史》中明确断言："不是所有民族都有真正的哲学体系，只有少数几个民族的思辨具有历史。东方民族如印度人、埃及人和中国人的理论，主要是神话和伦理学说，而不是纯粹的思想体系，这种理论总是与诗和信仰交织在一起。因此，我们将限于研究西方国家，从古希腊人的哲学开始。"①

由此可见，坚持单数性的"哲学"概念，就有可能走向"西方中心说"，从而相信"非中心＝边缘＝没资格进入历史"。当"哲学"遇到具体的民族国家，尤其是处于国际政治语境中的民族国家，关于哲学的讨论就不可避免地变身为哲学政治学的讨论。

四 "民族哲学"："后发国家"的思想身份标志

目前看，national philosophy（民族哲学）尚未成为发达国家哲学论坛的流行议题，英语世界期刊目前仅见的数篇论文作者主要来自乌克兰、白俄罗斯、俄罗斯、立陶宛和波兰等苏联或东欧地区国家，此外零星的论文还来自土耳其和马来西亚。所有这些国家用发展社会学的术语称呼都是"后发国家"或"迟到国家"（late-comer countries），由此，我们似乎有理由把"民族哲学"的提法视为后发国家特有的精神现象或群体意识症候。

---

① ［美］梯利：《西方哲学史》，葛力译，商务印书馆 2008 年版，第 3 页。

1. "先发/后发"或"中心/边缘"概念的哲学政治学意涵

"先发"与"后发"是 20 世纪 60 年代后一度相当流行的社会学概念。美国学者列维在《现代化与后发国家》一书提到，18 世纪以后的国家可分为两类，一类是"原发现代化国家"（indegenous developers），其代表是英法美三国，另一类则是所谓"后发国家"（late-comers，直译为"迟到国家"）。在列维看来，"后发国家"是一个庞大群体，它还可以细分为"相对早发的后发国家"（a relatively early late - comer state），如 18 世纪和 19 世纪的德国，与之相比，俄罗斯和日本则是所谓"相对晚出的后发国家"。[1] 按照这个说法，迟至 20 世纪独立的尤其是冷战后独立的国家，自然就可以称为"后发中的后发国家"了。

"先发/后发"是一对从时间视角刻画国家发展程度的概念，与之并行的还有一对从空间视角标识国家发展程度的概念，这就是沃勒斯坦提出的"中心/边缘"概念，即近现代世界体系中的国家可以分为"中心国家""半边缘国家"与"边缘国家"。[2]

到目前为止，"先发/后发"与"中心/边缘"这两组国家发展程度概念大致具有一种相对稳定的对应关系：即那些在几百年前率先走上现代化道路的先发国家，大多在几百年的全球经济政治和文化地图中也居于中心地位，而许多"后

---

[1] M. J. Levy, JR, Modernization and Later-comers to the Process. 语见该书 1972 年版，New York：Basic Books，p. 16.

[2] ［美］沃勒斯坦：《现代世界体系》第一卷，郭方等译，高等教育出版社 1998 年版。

发"或"迟到"国家则居于半边缘乃至边缘的地位，这就是国际政治的基本现实。当人们从这种国际政治的时空格局来观察不同国家哲学思想群体的话语特点时，这就构成了所谓哲学政治学的基本研究主题。

2. "先发国家"与"后发国家"哲学群体的话语倾向

先发国家与后发国家的位势差别，在相当程度上会使其所属的思想共同体形成不同的话语特征。在先发的或中心的国家，思想家群体所面临的现代诸问题（如现代市场规则、现代国家或社会制度的构建法则，以及涉及人性与自由等问题形而上论证），大多是因应其社会内生的发展要求而出现的，因而相关哲学思想群体提出的问题大都具有先导性，这种先导性使大多数哲学家天然具有"我的问题即人类问题"的基本意识，这种意识顺理成章地转化为哲学文本中的无国界话语。不难看出，先导性问题和无国界话语，与那种源于古希腊、旨在追求唯一真理和普遍理性的哲学理想是十分契合的。这种理想一向强调自己是超越地缘性以及文化传统特殊性的。在这块哲学土地上，"民族哲学"自然缺乏萌生和生长的条件。

相形之下，后发国家的哲学思想群体在话语方式上就显得极为分裂。那些承继启蒙余绪的哲学群体通常会高度认同"哲学—理性—真理"的三位一体理想，追求理性论证的普遍性价值以及哲学文本的无国界话语特征，在他们看来，"哲学在 X 国"或"某一哲学发生于某国"是个无关紧要的经验性陈述，当然，更不会接受"各个国家有各个国家的哲学"这样一种未经反思论证的看法。但另一类哲学家群体则会对一个观念、一个哲学问题乃至一个哲学文本所由产生的国别高度感敏。由此，他们厌倦舶来的思想，认为这些思想是思想殖民、削弱本国思想自主意识的瘫痪剂；他们自觉不自觉地奉行"国家政治问题即我的哲学问题"的意识，认为超地缘、超文化的世界主义思考是一种幻觉。因而他们绝不接受"哲学在 X 国"这样的哲学史叙事，而是会强调"本国哲学"的例外性。这种国别性意识在叙事中会转化为地缘性话语，最为流行的便是"西方/西方以外"（west/rest）的二元范式。依据这种范式，人们在讨论任何重大哲学话题时，只问东西，不问真假，这是"后发国家启蒙辩证法"的典型话语特征，①"民族哲学"也是这条话语之藤上结出的果实。

3. "后发国家"实现思想史重建时面临的挑战

前文提到，"民族哲学"是后发国家实现思想史记忆重建的重要组成部分，这种重建发生于两类国家：一类是新独立国家，它们谈论"民族哲学"是为国家独立提供思想文化合法性论证；还有一类国家成国已久，它们原本具有自己悠久独立的思想文化传统，但该传统在外缘性现代思想的强力冲击下或断裂，或被覆盖，在此背景下，重新进行民族哲学史编纂当然具有收复思想主权的含义。然而，这种思想史记忆的重建往往会面临不同的挑战。

一种挑战可以被称为"古代思想史的主权纠纷"，这在那些新近独立的国家表现最为明显。对它们来说，民族哲学

---

① 拙文：《当"启蒙"遇到国际政治》，《求实学刊》2016 年第 5 期。

史编纂在展开其古代思想史叙事时大多都会遇到所谓"主权纠纷"：譬如国家 A 和国家 B 均为新独立，它们的政治主权史不足 30 年，这种主权的含义是，它们都可以合法地宣称对其领土内的一切财产，无论物质财产还是思想财产，实施排他性和独占性的占有和支配。但如果这两个国家把现代政治主权特有的排他性和独占性意识引入其数百年或上千年的哲学史叙事，马上会发现其思想源头处存在着大量"主权不清"的内容，对这些内容，国家 A 和国家 B 都有同样的理由声称对其拥有排他性的独占权。这些内容包括某个圣哲的国别或族群归属、典籍的国别归属、史诗传说或图腾标志的国别归属等等。这种以现代国家的政治主权意识来处理古代思想史叙事的案例在新独立国家屡见不鲜。

另一种挑战则来源于例外主义的哲学史叙事意识，这主要发生于那些历史悠久的国家，尤其是曾在某一文明圈（如东正教文明圈、伊斯兰文明圈）中长期充当核心的国家。这些国家的特点在于，它们都拥有少则千年、多则数千年的经典传统和思想史谱系，这种思想史从名称到内涵、从谱系到叙事框架都与西方哲学史大相径庭。但当这些国家进入启蒙期后，它们大都按照西方哲学史的框架编纂推出本国的民族哲学史。不过，在今日去思想殖民大潮的推动下，不少人会油然兴起重新书写"民族哲学"的想法，并强调说这是一种去西方化的书写，这种"民族哲学"在价值目标、思维方式和论证方式、范畴体系等方面都是独特的，不仅不同于源于古希腊以来的哲学史叙事，而且不同于其他国家或民族的叙事。换句话说，它们认为自己的民族哲学与包括西方哲学在内的其他民族哲学，在面对的问题、处理问题的思想方式和理论范式等方面，都是"不可通约"的。

4. "既必要又多余的"："民族哲学"概念的吊诡特征

以例外主义的态度从事哲学史叙事在逻辑上是不彻底的，因为当一国的哲学史叙事高度凸显其特殊性时，它所面临的问题便是，它是否有必要继续使用"哲学"或"哲学史"的概念？事实上，"哲学"这个概念本身就是"思想殖民"的遗迹，人们完全可以沿用"X国思想史"或"X国经学史"这样的无争议说法，就此而言，"民族哲学"就成为一个冗余概念了。换句话说，对许多后发国家来说，"民族哲学"是个既必要又多余的概念。"既必要又多余"，这是后发国家思想界特有的话语特征。表达这一特征的不仅是以"民族哲学"为代表的命名，而且还包括一个典型的追问：我们有哲学吗？2005年前后，国内一些学者曾几次召开专门会议，讨论"中国有哲学吗"。而在这前后，我们还听到诸如"日本有哲学吗"或"俄罗斯有哲学吗"这类话题。与此形成鲜明对照的是，在先发国家的学术论坛，人们不大会追问"我们有哲学吗"这类问题。显然，正如"民族哲学"这个议题一样，"我们有哲学吗"更多的不是个哲学问题，而是一个以民族国家为本位的哲学政治学追问，这个追问的答案在不在哲学本身，因而从哲学上看它对于后发国家的思想群体而言基本是无解的。毋宁说，它就是后发国家思想群体的基本身份标志。

什么让民族哲学成为可能？

［白俄］拉扎列维奇·A. A.

（白俄罗斯国家科学院哲学研究所）

现代社会迫切需要一个稳固有序的基础，这个基础是一个包含各种观念的体系，能够把单一的自我认同价值观和普适性认识结合到一起。我们认为，在所有形式的社会意识中，只有哲学能够成为这个基础，哲学有机地结合了民族意识的特点和全世界普适价值的特点。在当今的全球化时代，唯有哲学可以让人们集中表达民族世界观的文化精髓，它可以创造各种条件，让国家及其人民保留民族文化认同感。

谈到民族哲学这个问题，有以下几个方面需要强调。

第一，它是一门学科。民族哲学是为科学技术活动提供人文知识和方法论的有组织的活动。这种活动在国家层面的表现形式是机构、人才再培养系统、专门的民族精神规范，以及在社会群体内部和广泛的社会环境中的行为标准。这一有组织的活动有着漫长的形成过程。历史上，许多国家（包括白俄罗斯）都会区分出"哲学"时代与"非哲学"时代。后者的特点是，哲学以外来的形式存在，只有本国的历史哲学研究学派通过后续的解读，才能找到哲学原本的声音。例如，白俄罗斯的历史上曾有过巴洛克、启蒙运动、苏联和后苏联人文主义文化这样的"哲学"时代，也有过中世纪、文艺复兴、浪漫主义和民粹主义这样的"重建"时代。我们首先使用了现代研究手段，才保证了民族哲学传统的连续性。

第二，民族哲学作为代代相传的价值倾向和认知取向的总和，可以借助哲学文化进行解读。例如，我们谈论古希腊人的"逻各斯"（Logos），谈论中世纪哲学的基督教禁欲主义，谈论文艺复兴的人文主义，等等。当然，也不能说，"逻各斯""道"或"普遍主义"这些概念是希腊、中国和中世纪文化独有的精神财富。这些概念具有各种逻辑和符号意义，是全世界哲学进程中的共同内容，它们在各种形式的讨论中都会找到自己的位置。但与此同时，围绕这些概念所展开的讨论，这一事实本身就说明，它们的解读方式从根本上是不同的。

思维文体学的特性在分析普遍的抽象性事物时，也能够保留下来。这个特性在描述处在符号空间里的人的存在方式时，是常用的，也自然是必不可少的。在风格上，不仅文学、音乐和戏剧有所差异，东西方国家的民众所使用的编排风格、计算方式也大不相同（IT行业的专业人士应该很了解这一点）。不同文化对民主、社会责任、公平、性别角色等的理解是不同的。我们完全可以把这一点相应地使用到哲学思想领域。一方面是带有哲学共性的特殊文体，另一方面是特殊的思维对象（它在历史层面上反映出各种社会文化体系的独特性），两方面共同构成一个复杂的整体。这就是哲学文化的定义。

我们认为，只有研究某个时代的哲学文化，才能找到正确把握民族哲学传统的钥匙。但与此同时，我们也意识到，哲学文化和文化一样，不是一种"自在之物"。我们需要站在某个研究视角才能揭示哲学文化的现象。这种必要的视角首先是在本国的历史哲学学派的活动中形成的。

第三，可以通过解读民族和国家的哲学思想传统发展史来研究民族哲学。在很多情况下，我们要考虑到哲学思想的某种混合主义，还要将载入书面文献的社会政治思想、美学思想、宗教思想和生态思想纳入其中。

历史哲学学派的活动总是会综合各种传统形式。比如，如果我们今天讲述白俄罗斯的哲学叙事，那么它的组成部分——文本和作品——就是在不同的世界观系统、科学和艺术创造风格当中形成的。因此，白俄罗斯的哲学历史不仅是一门古文献学科，还是一门非常有建设性的、积极有益的学科。描绘白俄罗斯哲学思想史的全景，有如展开一幅幅"画卷"，其本质上有一个共同的主题，但同时又体现出哲学创造不同的风格、任务和意图。描绘白俄罗斯哲学思想史全景这项工作，是一种独立的创作活动。从事这项工作的研究者，也就是当代人，不仅要了解传统，还要能够在实践中把握自我、定位自我。

白俄罗斯同其他许多国家一样，其历史哲学传统在发展过程中正在超越自我。白俄罗斯历史哲学所关注的领域，从学科内问题扩展到了认识整个社会文化体系的结构和动态进程问题。

第四，民族哲学对于我们而言，是民族思想的哲学基础，是国家建设和文化建设的思想体系。因此，哲学的任务是把握国家体制建设的经验，通过与其他模式进行对比，发掘国家社会政治模式的特点。在此意义上，白俄罗斯共和国作为中东欧地区一个独立的新兴国家，是一个独特的研究案例。白俄罗斯没有经历全面的去苏联化阶段。在国内，极端民族主义的言论并没有站稳脚跟，国家通过了多领域一体化政策，把重心放在了欧亚一体化进程上。为了弄清楚白俄罗斯社会做出这种选择的原因和前景，需要一系列特殊的理论工具和方法，其与俄罗斯、乌克兰和立陶宛社会科学运用的理论和方法并不相同。创造这种理论和方法本身，就是把握白俄罗斯民族哲学特征的一个重要因素。这种理论和方法也同样适用于其他国家的哲学传统。

再强调一遍，民族哲学不应该成为研究民族特征的哲学。我们不能这样理解民族哲学。在文明史上，这样做有违哲学知识发展的内在逻辑。民族哲学是对逻辑思维很缜密的哲学文化的描述，它衍生于某个民族的历史进程中，反映了国家建设的特点。

通常认为，有两个条件能够使民族哲学成为可能。第一个条件与民族起源思想史有关；第二个条件是用民族语言表达思想。黑格尔在给德国著名哲学家、诗人、翻译家约翰·海因里希·福斯的信中写到："路德让圣经有了德语译本，你让荷马的作品有了德语译本。这对人民来说是伟大的恩赐。因为人们……无法认识到他们所知道的事物的一切美好之处，直到他们把这些真正地变为己有，并用自己的语言掌握它们。"① 关于这两个标准，20世纪中国著名哲学家冯友兰也曾提到过："民族哲学能够成为人民的哲学，这就说明，民族哲学不是简单的民族的哲学，而是民族哲学。显然，正因为此，哲学才能与民族历史相符合，才能用民族语言表述出来。"②

上述内容并不意味着，我们可以狭隘地解释语言因素。无疑，语言因素很重要。就连冯友兰也把语言和民族发展的历史道路结合到一起，而这条历史道路并非总是铺设在唯一一条民族语言"轨道"之上。例如，白俄罗斯从古至今一直都有不同的文化和价值体系相互交织，阐述哲学观点和创作哲学作品的语言多种多样，而且这些语言都是官方语言。

同时，可以肯定地说，哲学进程本身是文化中语言环境形成的一个重要条件。概念形式正是在哲学知识框架内被解构的。概念形式不仅能够帮助我们从整体上对文化实现自我理解，而且在具体的社会文化实践活动（政治、管理、教育等）中也起着重要作用。使用民族语言研究哲学，是构建民

---

① ［德］黑格尔：《不同时期的成果（两卷本）》，莫斯科，1971年，第二卷，第630页。

② Chen Lai, "Tradition and Modernity: A Humanist View", translated by Edmund Ryden. Leiden/Boston: Bril. 2009, p. 191.

族文化的重要因素。然而，使用民族语言不能仅仅浮于表面。民族语言应当赋予思想家一定的责任，让他们对一些特殊问题的本质和民族文化发展的前景进行哲学反思，让他们解读出一个民族的思想意识在历史和当下的特点。哲学家不仅要描述象征性的世界，还要构建文化的概念空间。因此，哲学家的工作对文化政策的制定、教育体系的建立以及大众媒体的运行会产生长远的影响。

这里有必要谈一谈白俄罗斯的哲学文化是如何发展起来的。理解白俄罗斯哲学文化通常要使用二分法，二分法的传统坐标是"西方—东方"、欧洲与俄罗斯。这种环境使得白俄罗斯的思想空间更像"西方"。在这种环境下产生的世界观，把拉丁文明、基督教文化、现代欧洲科学、启蒙运动的社会理性主义的世界观和价值观，与哲学生活的非理性宗旨、20世纪的存在主义杂糅到了一起。俄罗斯的哲学思想首先印刻着拜占庭的哲学传统，而且具有19世纪中叶斯拉夫派与西方派的辩论色彩，以及社会主义思想和白银时代宗教复兴的特征。

白俄罗斯哲学与上述主流哲学思想的不同之处在于，它在自身的文化历史发展过程中有自己的独特性。白俄罗斯特殊的地缘政治环境从中起着作用。正如瓦茨拉夫·拉斯托夫斯基所言："白俄罗斯位于两个世界、两种文化的交界处。"几个世纪以来，白俄罗斯已经成为欧洲两大基督文明的交会之所。正是在这里发生了惨烈的军事冲突，也是在这里孕育了雄心勃勃的地缘政治计划。但同样是这里，也形成了各种不同底蕴深厚的传统：文化对话传统、民族宗教精神互补的传统、宽容的传统、和谐的传统以及全人类大团结的传统。

白俄罗斯思想史上最光辉的一页要属文艺复兴和宗教改革的文化。白俄罗斯位于西欧和俄罗斯拜占庭思想哲学体系的交会点。前者的载体是天主教和新教运动，而后者的载体是东正教。在这种环境下，白俄罗斯杰出的启蒙思想家（尼古拉·古索夫斯基、弗朗西斯科·斯科里纳、西蒙·布德内伊、列夫·萨佩加、西蒙·波洛茨基等）形成了自己的思想风格。17—18世纪，东正教、天主教、联合教派以及上流社会自由主义在意识形态层面展开的多边论战，催生了白俄罗斯启蒙教育的独特现象。这一时期的代表人物有卡济米尔·纳尔布特、马丁·波乔布特 – 奥德利亚尼茨基、索罗蒙·马伊蒙、扬·斯尼亚德茨基、阿尼奥·多弗吉尔德等。

19世纪白俄罗斯思想领域有影响力的世界观是西方俄国主义。这一概念是由米哈伊尔·科亚罗维奇提出的。同时，卡斯图西·卡利诺夫斯基、弗兰季什克·博古舍维奇、扬·博尔谢夫斯基、扬卡·卢奇纳等人在文学讲稿和政治演说中，都使用这个概念来表达一种人文主义的绝对命令，它与白俄罗斯人民，特别是贫困阶层的政治、社会和文化思想的解放息息相关。在这个双重基础上，白俄罗斯构建了20世纪最初25年的民族解放思想，它不仅是一种哲学理论，还是一种形象艺术的表现。无论是弗拉基米尔·萨莫伊拉文学哲学随笔的结构和内容，还是伊格纳特·阿布季拉洛维奇的作品《原始之路》（《Адвечным шляхам》是白俄文，俄文译名为

《Извечным путям》——译者注）的草稿①，抑或是白俄罗斯古典诗人的作品，我们都能从中找到这种民族解放思想的影子。

苏联哲学那种缜密的哲学思想的形成过程，成了白俄罗斯哲学传统发展的新阶段。1921 年成立的白俄罗斯国立大学社会科学系、白俄罗斯苏维埃第一个十年时期的白俄罗斯文化学院社会科学部、1929 年成立的白俄罗斯科学院以及 1931 成立的白俄罗斯科学院哲学与法学研究所等机构，为新阶段的哲学发展做出了重要贡献。在这个阶段首先形成的传统是，社会哲学要符合白俄罗斯苏维埃的国家建设任务。紧接着又形成了一个权威的哲学方法论的传统，其中最引人注目的是白俄罗斯科学院院士维亚切斯拉夫·谢苗诺维奇·斯乔宾倡议建立的明斯克方法论学派。最后则形成了一个研究白俄罗斯哲学和世界哲学的体系。

在白俄罗斯哲学发展的现阶段，民族哲学的功能模式作为一种互补的文化基因环境，在实践中得到了验证。在当代世界中，民族哲学的功能模式是启发式手段的一个来源。针对全世界在社会自然发展过程中所遇到的问题，民族哲学可以给出一部分有效答案。民族哲学的流派在个体人文文化的形成中发挥着巨大作用。个体是创新阶层的主体和知识经济的主导者，他不仅要学习多方面的技术专长，还要掌握人文文化方面的知识。

---

① Абдзіраловіч, I. Адвечнымшляхам/I. Абдзір аловіч. -Мінск, 1993. -47с.

何为俄罗斯哲学？

马寅卯

（中国社会科学院哲学研究所）

　　谈论俄罗斯哲学是一件危险的事情。在这里，"俄罗斯"和"哲学"的含义都不是自明的。人们首先可能想到的一个问题是，为什么不叫俄国哲学？的确，在很多情况下，俄罗斯就意味着俄国，也就是说当我们在谈论俄罗斯时是指作为一个国家而不是作为一个民族的俄罗斯，否则，我们将不得不把经常被称为俄国的第一个哲学家的斯科沃罗达（乌克兰族）排除在俄罗斯哲学之外。但是把俄罗斯简单地理解为俄国并非总是一个方便法门，它在避免了一些麻烦的时候又会产生新的麻烦，因为众所周知，在西方乃至今天的中国最著名的俄罗斯哲学家别尔嘉耶夫出生在基辅，而基辅现在已并不是俄国的一个部分。因此，在关涉我们现在谈论的这个对象的时候，我国学术界就出现了罕见的混乱，这种混乱还将继续下去，它是一件不得已的事情，它根源于俄罗斯这个国家的复杂性，这种复杂性既包括它的多民族性，又包括它版图的经常性的急剧变化。我们无法像讨论德国哲学或法国哲学一样谈论俄国哲学，我们似乎总在谈论一个不确定的对象。但最大的麻烦还不在这里，致命的问题是：存在着一种所谓的"俄罗斯（俄国）哲学"吗？这个问题实际上包含着两个方面的含义，一是俄罗斯哲学的原创性何在？二是"原创性"的俄罗斯哲学还能称得上是哲学吗？关于前者，一位俄罗斯哲学史家这样写道："俄罗斯在哲学中所贡献的一切要么源于对外国影响的直接模仿或无意识征服，要么源于把几种外国观念融合为一个单一整体的折衷主义的努力。"[①]　关于后者，佩内洛普·伯特在为他所翻译的一本俄罗斯哲学名著写的"译者导言"中开篇之语便是：Is "Russian philosophy" an oxymoron？（"俄罗斯哲学"是一种自相矛盾的表述吗？）[②]

　　这很容易让人联想到近年来中国哲学界关于中国哲学合法性的讨论，但在中国哲学的语境中，合法性的问题只在于：通常归属于"中国哲学"名下的那些东西究竟能否算得上哲学？因而在这里，重要的是，我们如何理解哲学？什么样的东西才可以称得上哲学？但在俄罗斯哲学的语境中，除此之外，还有另外一个问题：即使在俄国存在着一种叫作哲学的东西，这种哲学能够冠以俄罗斯的名号吗？让我们回想

[①]　Б. Яковенко, Очерки русской философии, Берлин, 1922, c. 5.

[②]　B. P. Vysheslavtsev, *The Eternal in Russian Philosophy*, translated by Penelope V. Burt, William B. Eerdmans Publishing Company, 2002, p. 7.

一下索洛维约夫的话：

> 俄罗斯哲学由于它是俄罗斯的，它便决不会是什么哲学；而由于它是哲学，它就绝不可能是俄罗斯的。①

这话出自被誉为现代俄罗斯哲学奠基人和俄罗斯宗教哲学之父的索洛维约夫之口颇让那些鼓吹俄罗斯哲学独特性的人士尴尬。但索洛维约夫的话不应被理解为哲学和俄罗斯势不两立，哲学和俄罗斯的组合不应被视作一个矛盾的组合，俄罗斯当然可以有自己的哲学，就像德国有自己的哲学一样；哲学也当然可以讲俄语，就像哲学可以讲德语一样。索洛维约夫所反对的只是给哲学贴上一个民族主义的标签，哲学是一门追求普遍真理的学问，在这个意义上，就像不存在俄罗斯数学、俄罗斯物理学一样，也不存在俄罗斯哲学，世界哲学的问题也理应成为俄罗斯哲学的问题，俄罗斯哲学也理应关注和研究世界哲学中的普遍问题，而不应自闭和自适于世界哲学的大门之外。在哲学之前加上一个国别的限定语只是表明哲学在这个国家的发展状况或者在某种特定的语言中它是如何表达自己的，而不是意味着哲学专属于某个国家或者一个国家只能对应于一种哲学。因此索洛维约夫的话应当被正确地理解为：限制于某个地域中的真理不是真理，而被称为真理的东西则一定会冲破地域的限制。换句话说，捆绑于某个民族之上的哲学一定会丧失其真理性，因而也不配被称作哲学；可以被称作哲学的东西一定是不受民族性束缚

---

① ［俄］Л. В. 波里雅科夫：《永恒的争论与现代问题》，《哲学译丛》1997 年第 2 期。

的普遍和自由的科学。

虽然我们也经常提到德国哲学、法国哲学、英美哲学，但俄罗斯哲学完全不是在同样的意义上被使用的，前者并非在强调哲学的民族性，毋宁说它指的是存在于德国、法国或英美国家的哲学，但俄罗斯哲学正是要强调这种民族性，它常常被当作西方哲学的对应物（对立物），是西方哲学的反题，这样，它在赋予自己哲学民族性的同时也把某种民族性加给了西方哲学，使西方哲学也成了一种民族哲学或地域哲学。或者说它首先把西方哲学宣布为一种民族哲学，然后声称这种哲学完全不合俄罗斯的民族性，因而有必要创立一种新哲学与之对立或对抗。

正因为俄罗斯哲学被放置在西方哲学的对立面，所以，如何把俄罗斯哲学与西方哲学区别看来，或者说如何划清俄罗斯哲学和西方哲学的界限，成了摆在俄罗斯哲学家面前的当务之急。于是从基列耶夫斯基的《论哲学中新原则的必要性和可能性》到洛斯基的《俄罗斯哲学的特点》到弗兰克的《俄罗斯哲学的本质和主题》到洛谢夫的《俄罗斯哲学》到维舍斯拉夫采夫的《俄罗斯哲学中永恒的东西》，无不都在强调俄罗斯哲学的独特性，在这些哲学家看来，正是这些特点把俄罗斯哲学与西方哲学区分开来，俄罗斯哲学的这些特点也就是俄罗斯哲学的优点。

但是真的存在一种土生土长的俄罗斯哲学吗？真的能把俄罗斯哲学和西方哲学割裂开来吗？俄罗斯哲学真的比西方哲学高明吗？我们不应忘记，正是俄罗斯人自己不无骄傲地把他们的斯科沃罗达比作俄罗斯的苏格拉底，把别尔嘉耶夫比作俄罗斯的黑格尔。不仅如此，18世纪俄国的共济会是和法国启蒙运动的影响分不开的，19世纪30—50年代的斯拉夫主义不过是对黑格尔和谢林哲学的反动，19世纪末20世纪初俄罗斯宗教哲学的复兴又很容易让我们想到西方的中世纪或文艺复兴，十月革命后的苏联哲学不过是马克思主义的俄国化。而通常被提到的那些被当作俄罗斯哲学的特点要么并非俄罗斯哲学所独有的，如本体主义，难道古希腊哲学不是本体主义的？要么是一种假象，如宗教性，难道拉吉舍夫、赫尔岑、巴枯宁、车尔尼雪夫斯基这些非宗教取向的哲学家能被排除在俄国哲学之外？俄罗斯哲学的确有它自己的特点，如通过文学的形式来表达哲学，如哲学和宗教甚至艺术的界限模糊，如过度的社会政治关怀，但这不应当被看作俄国哲学的优势，毋宁说是一种不成熟的表现，哲学还没有从其他学科中完全分离出来，还没有学会独立地发出自己的声音。况且，以文学的方式来表达哲学思想并非俄罗斯的特权，实际上，这个特点在法国那里表现得一点也不比俄国弱，萨特和加缪是众所周知的例子。在这方面，我们还可以找到丹麦的齐克果，德国的尼采，我们甚至可以进一步追溯到英国的休谟和贝克莱、古希腊的柏拉图，他们都尝试过以对话的方式来表达他们的哲学。哲学当然可以通过文学的形式来表达，而且就像我们已经看到的，这种做法自古有之、各国有之，但文学不应成为表达哲学的主要方式，更不应该成为唯一的方式，否则，就不会有作为一个独立学科的哲学的存在，每门科学都应当有自己的语言、自己的方法、自己的使命，它正是借此与其他学科区分开来并获得了自己的尊严，科学的进步就体现在它分工的明细化和明晰化上，虽然我们也不应忽略科学发展中综合的趋势，但这是一种更高意义上的综合，它以分工为前提，与俄国哲学和文学的那种混沌未分的原始状态完全不同。当然，一门科学自身的语言和方法也有不够用的时候，有时它也会求助于其他学科的语言和方法，但这毕竟只是一种无奈之举、一种权宜之计，只是一种补充和补偿，而不能从根本上取代它自己的语言和方法。把弱点当作优点来宣扬，会限制一门科学长久的发展，过分地依赖文学的表达，会削弱这门科学沿着自己固有的轨道发展的动力，从而妨碍和伤害哲学作为一门独立的学问自身的成长。

与所谓"俄罗斯哲学的独特性"联系的另一个因素是斯拉夫主义者和俄罗斯宗教哲学家们所经常强调的俄罗斯的东正教传统。这里且不论俄罗斯东正教的拜占庭根源，即便东正教是真正俄罗斯的宗教，是唯一正确的信仰，能说俄罗斯的哲学都是这种宗教的产物吗？如果说苏联时间闭口不谈俄罗斯宗教哲学的传统是对俄罗斯哲学史的一种歪曲的话，那么，现在把俄罗斯哲学归结为东正教的基督教传统同样是不符合实际的。不存在一种所谓的"真正的"或"民族的"俄罗斯哲学的标本，当强调俄罗斯哲学的独特性时，当把东正教传统的俄罗斯宗教哲学奉为俄罗斯哲学的正宗时，把俄罗斯思想中世俗的、唯物主义的、实证主义的，甚至非东正教的宗教流派排除在外时，俄罗斯哲学将变得贫乏而狭隘，这种做法人为地把那些本属于俄罗斯的东西排除在视野之外，也拒绝承认未来俄罗斯哲学有新的增长点和新的发展空间，从而实际上堵塞了俄罗斯哲学的出路。在当代俄罗斯东正教思想家巴拉巴诺夫看来，俄罗斯思想从一开始就忽视了区别信仰和知识的分析工作的必要性。西方思想自中世纪以后逐渐把哲学和宗教区分开来，哲学是对知识的边界进行批判的分析，神学则涉及启示和超理性的真理。俄罗斯宗教哲学实际上退回到了中世纪的模式，从早期斯拉夫主义时期开始，就急切地强调它的独特性甚至对西方学院思想的优越性，它宣称它能实现宗教和哲学的"自由综合"，以区别于在狭隘理性主义的西方思想发展中已被抛弃的中世纪的强制综合。

"俄罗斯哲学"这个名称不仅与西方哲学相对立，也与苏联哲学相对立。在今天的一些研究者看来，俄罗斯哲学这个词不仅标示着一种与西方哲学完全不同的传统，而且也表明了一种与苏联哲学划清界限的决心。苏联哲学似乎成了一种有损俄罗斯哲学声誉的东西，要捍卫俄罗斯哲学的声誉，就必须使其免受苏联哲学的污染，苏联哲学不仅不是俄罗斯哲学传统的体现和一个部分，而且它的出现意味着俄罗斯哲学传统的中断，要了解俄罗斯哲学的精髓，就必须双脚跳过苏联，俄罗斯哲学必须首先使自己纯粹化，然后才能为己正名并彰显出伟大的意义来。但是，当我们谈到苏联哲学时又差不多会遇到在俄罗斯哲学情境中同样的问题：苏联哲学是一块整钢吗？苏联哲学意味着苏联时期的哲学还是仅仅指苏联的马克思主义哲学（官方哲学）？如果是前者，那我们必须说，在苏联哲学中，俄罗斯哲学传统并未中断，因为即使是苏联哲学的反对者也不否认像巴赫金、弗罗连斯基、洛谢夫等这些生活在苏联国内的哲学家是俄罗斯哲学传统的体现者，而且1988年去世的洛谢夫还经常被认为是最后一个俄罗斯哲学家。即便是后者，也有必要区分官方的马克思主义和自由的马克思主义（从学术的角度对马克思主义的自由研究），如果我们不怀偏见，就会发现在马克思主义哲学当中，或者说以马克思主义面目出现的哲学中，还是涌现出了许多创造性的哲学家，伊里因科夫、马马尔达什维利、阿斯穆斯等就是这方面突出的典型。此外，还有像施佩特这样把胡塞尔现象学引入俄国并在一些领域做出了原创性哲学贡献的学者，是既不能简单地划入"俄罗斯哲学家"的行列又不归属于马克思主义阵营中的。

应该说，与俄罗斯文化的其他领域相比，俄罗斯的哲学的出现和繁荣相对晚些，这也许应验了黑格尔的话："密那发的猫头鹰黄昏时才起飞。"洛斯基在其著名的《俄罗斯哲学史》中承认"俄罗斯哲学只是在19世纪才开始发展，而那时俄罗斯国家已有上千年的历史了。"① 而津科夫斯基和维舍斯拉夫采夫则把斯科沃罗达看作俄罗斯第一个哲学家。但是最早触及这个问题的人是捷克斯洛伐克共和国的缔造者马萨里克，马萨里克是布伦塔诺的学生，他还被认为是卡

---

① H. O. Лосский, Историярусской философии, Москва, 2000г. с. 5.

尔·波普尔称为"开放社会"的最重要的先驱之一，他认为俄罗斯哲学的开端应该从恰达耶夫算起。不过，更多的俄罗斯人似乎不满足于俄罗斯哲学如此短暂的历史，他们认为，俄罗斯的哲学史与其文明史一样久远，例如，俄罗斯科学院的格洛莫夫和科兹洛夫撰文认为，"作为一种文化现象和思想史的俄罗斯哲学是在从 9 世纪到 17 世纪的时期中形成的"[①]。在《1830—1940 年的俄罗斯哲学史》，俄罗斯东正教神学家加夫里尔认为俄罗斯的哲学史应该从公元 10 世纪写起，莫斯科大学的库瓦金教授在美国出版的《俄罗斯哲学》的副标题就是"从 10 世纪直到 20 世纪"，而马斯林最新出版的《俄罗斯哲学史》则认为俄罗斯哲学思想的开端是 11 世纪。但是，严格说起来，19 世纪以前的俄罗斯思想只能算作俄罗斯哲学的前史，那段漫长的历史时期实际上并无多少哲学思想可以挖掘，例如，库瓦金的著作就有些文不对题，这部两卷本的著作只是在前沿中追溯了一下俄罗斯哲学"久远的历史"，而正文的第一部分则直接跳到了 17 世纪后期彼得大帝的改革。如果我们承认俄罗斯哲学史是短暂而贫乏的，那么究竟是什么原因造成了这样一种状况？是哲学不适合用俄语来表达吗？这样的理由似乎有些荒诞，陀斯妥耶夫斯基曾宣称俄罗斯人有惊人的语言天赋，如果拥有这样一种天赋的民族无法让哲学在自己的语言中充分表达自己，也就

---

① Mikhail Gromov and Nikita Kozlov, "The Beginnings of Russian Philosophy", *A History of Russian Philosophy*, edited by Valery A. Kuvakin, New York: Promotheus Books, Buffalo, 1994, p. 21.

是说无法在自己的语言中充分证明自己思想的能力，那么要么是这种语言出了问题，要么是思想能力出了问题。事实上，博学而又不乏批判精神的施佩特的确把俄罗斯哲学的贫乏归咎于语言，他认为从斯拉夫语言脱胎而来的俄语缺乏一种文化和思想传统，而由于没有一种借以理解观念的遗产，思想的努力只能根据其效应来评价，这种语言上的缺失是俄罗斯哲学贫乏的重要原因，要教会哲学讲俄语，就必须先让俄语具有传达和承载思想的能力。但马萨里克认为俄罗斯文明扎根于其中的东正教信仰应当为俄罗斯哲学的贫困负责，这与斯拉夫主义者把东正教看作独创性的俄罗斯哲学的源泉显然背道而驰，不过，如果我们回想一下斯拉夫主义的奠基人之一基列耶夫斯基的论述，就知道对东正教的这种指责不无道理，被斯拉夫主义者当作优点的东西恰恰与哲学的创新精神是格格不入的："当然，在生活于罗马背叛之后的东方教会作家们那里，找不到任何关于基督教学说的新东西，任何在最初几个世纪作家那里没有的东西。但这恰恰是他们的优点；我认为，这也正是他们的独特性之所在，他们保存并延续了真正的基督教学说的纯洁性和完满性。可以说，他们永远处在真正信仰的最中心，从这里他们才能更清楚地看见人类思维的规律，看见把它引向真知识的道路，以及对它的各种偏离的外在表征和内在动因。"① 哲学是一种批判和反思

---

① Иван Васильевич Киреевский, О характере просвещения Европы и о его отношении к просвещению России, И. В. Киреевский：критикаи эстетика, Москва, 1998г. с. 292.

的活动，而东正教则强调对信仰的无条件接受、保存和维护。在俄罗斯，哲学的自由批判的精神被看作是对东正教信仰的一种伤害，东正教不仅拒绝哲学对它的怀疑，甚至也不需要哲学对它的辩护，因为东正教的真理是最高的真理，信仰无须诉诸理性。"信仰东正教的俄国人习惯于用旧的神学院里盛行的传统方法来解决宗教问题。因此，他们将不信任那些把世俗文学的许多特征引入宗教思维的各种哲学著作。"①

东正教为了保持自己的"纯洁性"而拒绝了哲学的真理，似乎哲学就可以更加专注于自己的问题从而也变得纯洁和纯粹起来，但哲学在俄国的发展史表明，俄罗斯哲学恰恰是不纯的。科普列斯顿在其《哲学在俄国》一书中断言："作为一种独有的理论探索，纯粹哲学从未在俄国繁荣过。"②在西方人的心目中，俄罗斯哲学要么是一种不可理解的声音，要么是一种文学、政论、历史和宗教的大杂拌，这里有斯拉夫主义者对俄罗斯过去浪漫的想象，有陀斯妥耶夫斯基的"地下室人"对文明和理性的阴郁攻击，有赫尔岑和别林斯基的社会主义，有车尔尼雪夫斯基和批萨列夫的虚无主义，有拉甫洛夫和米哈依洛夫斯基的民粹主义，有普列汉诺夫和列宁的马克思主义，有索洛维约夫的"神权政治"，有别尔嘉耶夫的末世论，但唯独没有哲学。不过，当代西方哲

---

①　Н. О. Лосский, История русской философии, Москва, 2000г. сс. 488 – 489.

②　Frederick C. Copleston, S. J. , *Philosophy in Russia: from Herzen to Lenin and Berdyaev*, Search Press, University of Notre Dame, p. 5.

学虽然一方面表现出了越来越专业化和技术化的趋势，越来越注重语言的精确性和明晰性（分析哲学），但另一方面又在逐渐放弃对方法论纯粹性的追求，隐喻、想象、诗意不再是排斥的对象（后现代主义，后结构主义等），那些在俄罗斯哲学中所呈现的"奇怪的""异质的""整体的"话语有望获得新的生命和新的理解。无论如何，只有从一种更为宽泛的意义上来理解哲学，俄罗斯才有所谓哲学史。我们无法想象一部不包含康德、费希特、谢林、黑格尔、海德格尔的德国哲学史；而在 20 世纪，我们也无法想象撇开海德格尔、怀特海、维特根斯坦和卡尔纳普去讨论哲学。但是，在俄国，"原创性的和有影响的思想家（思想的原创性并不总是与影响相一致）几乎毫无例外都是非学院的。大学和神学院的教授们尽管也是有才能的，但是倾向于成为一个或另一个西方大师的忠实的门徒而不是独立的思想家"①。弗兰克也承认，把 19 世纪的俄国哲学史看成"始于谢林主义者和黑格尔主义者，中经实证主义者和唯物主义者，终止于莱布尼兹主义者和新康德主义者"虽然也是可能的，"但是如果说这样的研究在某种重要的意义上会丰富和加深哲学世界观，那是极其可疑的"②。俄罗斯哲学总是表现出一种对伦理问题、社会政治问题、历史问题、人的命运问题的强烈关注，

---

① *Russian Philosophy*, Vol. 1, edited by James. M. Edie, James. P. Scanlan, Mary - Barbara. Zeldin, with the collaboration of George. L. Kline, Chicago: Quadrangle Books, 1965, p. 9.

② S. L. Frank, "The Essence and Leading Themes of Russian Philosophy", *Soviet Studies in Philosophy*, Spring 1992, p. 33.

而把传统的本体论问题和认识论问题作为抽象的问题搁置在
一边①。正是在这个意义上，瓦利斯基说，从一种狭隘的哲
学观点出发写一部俄罗斯哲学史是一件费力不讨好的工作，
在他看来，"倾心于学院哲学家和利用形式主义的标准来界
定哲学"，只能"给出一幅俄罗斯哲学思想史的贫乏的画面
并最终否定它们的一切原创性"②。但是，俄罗斯哲学无疑是
有其原创性的，对这种"原创性的讨论会把我们引向许多非
常现代与紧迫的主题"，这些主题包括哲学知识的本性、哲
学研究的类型、这些类型与其他形式的文化统一的可能性、
创造性问题。"在民族哲学的基础上对这些问题和主题的分
析看起来是一项令人满意的和可喜的工作。"③

　　在西方近年来出版的有关俄罗斯哲学的著作中，有两部
格外引人关注。一部是《1830—1930 年的俄罗斯哲学史》，
另一部是《俄罗斯哲学的终结》。这两部著作对俄罗斯哲学
从非常不同的角度进行了考察，前者旨在挖掘从 1830 年到
1930 年俄罗斯哲学一百年的成就和贡献，这一点从其副标题
"信仰、理性与对人的尊严的捍卫"就可以看出；而后者则
重在考察当代俄罗斯哲学，并且完全持一种批判的态度，这
一点也可以从其书名看出来。《1830—1930 年的俄罗斯哲学

---

　　① 虽然洛斯基和津科夫斯基都不同意这种说法，而且到 20 世纪初，康德的《纯粹理
性批判》已有三个俄文译本，但是在马萨里克看来，康德的认识论思想即使对于那些受惠
于康德的伦理学说的人来说，也很少被理解和赏识。

　　② Andrzej Walicki, A History of Russian Thought from the Enlightenment to Marxism, Ox-
ford：Clarendon Press, 1979, p. 14.

　　③ I. A. Boldyrev, "Concerning The National Uniqueness Of Russian Philosophy", *Metaphi-
losophy*, Vol. 25, No. 2/3, Special Issue：Philosophy In Eastern Europe, April/July 1994, p. 142.

史》被认为是对俄罗斯哲学的一种新的阐释，它讨论了俄罗斯哲学的主要人物、学派和争论，然而同时追寻了一个共同的主题：发展一种独特的哲学人文主义的俄罗斯传统，这种人文主义聚焦于对人类尊严的捍卫。关于人的尊严、自由和公正社会的意义与根基的争论涉及了所有背景和立场的思想家，它超越了"宗教的"与"世俗的"简单划分。这种争论直到今天仍能引起共鸣①。而《俄罗斯哲学的终结》则认为，所谓"俄罗斯哲学"指的是这样一种哲学传统，它本质上必定是俄罗斯的，这是一种在 19 世纪和 20 世纪传递和发展下来的一种高度神话般的哲学。"它既存在又不存在，因为它是关于俄国的哲学思想的真实信仰与关于它的文本和思想家的集合的混合物，它同等地被两类人使用，一类是与'俄罗斯灵魂'相匹配的、寻求一种本质主义的、民族主义的和宗教哲学的人们；另一类相反，是他们的批评者，他们试图创造一个稻草人，通过它，把俄罗斯宗教思想整体上妖魔化。"②

在一个日益全球化（包括哲学文化的全球化）的时代，究竟该如何确定和解释俄罗斯哲学在世界哲学版图中的位置，俄罗斯哲学的处境会发生什么样的变化？在荷兰学者兹维尔德看来，要回答这个问题，必须在新的视野下重新评价俄罗斯哲学史，这种评价不仅包括苏联时期和白银时代，也包括革命民主主义者的哲学。但是这种评价一开始就面临着

---

① G. M. Hamburg and Randall A. Poole, *A History of Russian Philosophy 1830 - 1930*, Cambridge University Press, 2010.

② Alyssa Deblasio, *The End of Russian Philosophy*, Macmillan, 2014, p. 15

一种吊诡的境遇,"正是全球文化本身的地方主义将其自身看作仅仅是古希腊、西方基督教以及现代西欧哲学传统的继续,这种传统逐渐跨越了大西洋和印度洋,遭遇了它的一些殖民地和不能殖民的远东地区的土著哲学文化。在后殖民时代,当地的哲学传统,尤其是非洲哲学、加勒比海和阿拉伯等地的哲学已经证明了自己。而俄罗斯哲学,一方面由于其与西方哲学太接近而不能被视作一个'他者',另一方面由于其太精巧和现代而不能获得一种单纯的民族哲学传统的身份,人们或许会说,它有着双重的不利条件:不是殖民帝国的一部分;被苏联体制与苏联自身不能统治的世界的其他部分隔绝。结果,它在'那里',而且是实实在在地在那里,但是它又没有按照本来的样子被认可"①。但是,这并不意味着俄罗斯哲学的存在失去了意义,它依然在某种程度上被认可,但是它是以一种"消失"的方式被认可,也就是说它被"融入了现在正在形成中的多层级和多面孔的全球哲学文化中……尽管俄罗斯哲学的'领域'注定是边缘性的,但是在更广阔的'思维空间'背景中,俄罗斯哲学的'景观'是能够有意义的,这个"思维空间"是由许许多多更具体的'景观'构成的,它把'当地的'哲学传统作为只是相对独立的因素或插曲,包含在一个'全球的'和'世界历史的'哲学文化中"②。

---

① Evertvander Zweerde, "The Place of Russian Philosophy in World Philosophical History - A Perspective", *Diogenes* 222 & 223: p. 184.

② Ibid..

关于阿塞拜疆哲学的几点思考

［阿］伊利哈姆·玛门德扎杰

（阿塞拜疆国家科学院哲学研究所）

自 20 世纪 90 年代开始，关于什么是阿塞拜疆民族哲学的争论就从未停歇过。产生这些争论的原因，是苏联马克思主义思想的理论危机。那时候，关于马克思主义的危机、自由主义的优先性以及公民社会的理论这些思想，相继从俄罗斯向外传播了出去。从那时起，有些人就认为，苏联时期是没有哲学的，只有教条式的共产主义意识形态得到了繁荣发展。他们认为，哲学只存在于自己的母语当中，而当时很多人使用的语言都是俄语，所以相应地，阿塞拜疆的民族哲学还有待建立发展。自然，针对当代哲学的概念、当代哲学的形成过程、当代哲学与历史的联系等这些问题，这些人的预测不会引发深刻的反思，也不会产生出相关的结论。很显然，在某些情况下，哲学和意识形态的对抗，或者会促使我们去寻找哲学是什么、哲学与意识形态有什么关系等问题的答案，或者会导致我们无法理解哲学是什么这个问题。问题在于，哲学是什么以及什么创造了哲学。这个问题不仅引起了阿塞拜疆哲学家的关注，也引起了许多其他哲学家的兴趣。法国哲学家 Ж. 德勒兹就给自己提出过这样的问题。法国哲学家 M. 福柯认为哲学就是要学会设置各种各样的问题。当然，问题的答案林林总总。

在阿塞拜疆国内，针对这些问题最有趣的答案有：哲学就是阿塞拜疆的哲学史（其是由生活或出生于现代阿塞拜疆境内的诗人和哲人发展起来的）；哲学是寻求真理，是科学或方法，是方法论；最后，哲学就是教育、道德和价值观。这些观点我们可以通过阅读哲学家的著作去了解。其中大部分著作是用阿塞拜疆语撰写的，但也有不少著作是用俄语、土耳其语以及英语撰写的。阿塞拜疆国内的学者往往使用阿塞拜疆语和俄语（或英语）同时出版同一本概念性著作。例如，《阿塞拜疆哲学史》（巴库，《ЭЛМ》，2002 年）一书出版时使用的是阿塞拜疆语和俄语，拙作《论哲学》（巴库，《Текнур》，2011 年）出版时使用的是阿塞拜疆语和俄语。不过阿塞拜疆语版本不是对俄语版的完全复制，其在叫法上有一些不同。还有我最近用阿塞拜疆语撰写的一部著作——《文化相互影响的哲学和德国人在南高加索的定居》（*Philosophy of mutual influence of cultures and settlement of Germans in the Southern Caucasus*）。

我们必须认识到，在寻找哲学是什么的过程中，哲学家自己也会遭遇许多困难。比如，中世纪时期阿塞拜疆哲学史上出现的诗人哲学家和圣贤哲学家，他们常常使用阿拉伯语和波斯语进行创作，但却没有留下一部哲学著作。在研究哲学史的著作中，尼扎米·甘贾维（11 世纪）和哈加尼·希尔瓦尼等人的哲学思想占有特殊的地位。那些把哲学看作是真理、科学、方法论和方法的人，他们将哲学偷换为（或由于他们，哲学退化为）社会学或基础科学。也就是说，哲学在寻找真理时的特性消失了。而那些把哲学看作是教育和知识、道德和价值观的人，由于他们，哲学退化成了一种知识，有时还沦为了宗教知识和文化。这种讨论和观念上的冲突对于创造性活动来说是正常的，而这无疑也是哲学的本貌。在这种情况下，哲学正处于发展过程之中。关于这一点，阿塞拜疆国家社会科学院哲学研究所的发展历史就说明了一切。1945 年，哲学所刚开始只是一个部门，然后成立了哲学和历史学研究所，之后又成立了哲学和法学研究所。直到现在，哲学所成了一个独立的研究机构。目前哲学所有 13 个研究室和 7 个辅助部门。其中有一些研究室自 20 世纪 60 年代以来就已经存在了，如伦理学研究室、美学研究室和社会学研究室。另一些研究室则是在90 年代创立的，如认知理论研究室和社会哲学研究室。还有一些研究室是近些年刚刚创建的，如伊斯兰哲学研究室和多元文化主义与宽容哲学研究室。每年哲学所出版 20—30 本专著，其中一些专著在土耳其、俄罗斯和其他一些国家出版。哲学所年均发表超过 250 篇文章，其中一些文章发表在国外（主要是土耳其和俄罗斯）杂志上。我们的文章还经常被刊发在《哲学问题》（俄罗斯）这类权威期刊上。

阿塞拜疆哲学的历史

在阿塞拜疆国内，许多人认为，阿塞拜疆哲学的主要方向是哲学史。我们或许同意这一点，但要做几点说明。哲学史当然是哲学的一部分。但是，当代哲学针对哲学史方面存在一定的怀疑态度（P. 罗蒂曾经以最“委婉的方式”质疑过哲学史）。因此应该考虑一下，哲学史作为哲学，其研究的问题究竟何在。阿塞拜疆哲学家并不认为各个时代的界限是相对的，也并不认为宗教属性曾经高于民族认同。中世纪时期阿塞拜疆伟大的哲人使用阿拉伯语或波斯语进行创作，而波斯语被公认是创造哲学诗歌的语言。那么自然，他们的创作已经成为阿塞拜疆的民族意识，成为阿塞拜疆文化和哲学的一部分。

然而，这只是哲学史的一部分，却并不是哲学史本身。我们还没有从哲学阐释的视角对哲学史进行剖析。历史是什么？历史不仅是一连串的事件、事实和记载，也是学者研究历史上出现的思想和思想碰撞，以及分析这些思想对人类和社会所产生的影响的方法。这种方法于 19 世纪中叶（A. 巴基哈诺夫）才开始形成，不过也有可能形成于 20 世纪。在盖达尔·古塞诺夫、亚历山大·奥西波维奇·马科韦利斯基（20 世纪 40—50 年代）的著作中，我们都可以找到这种方法。3. 古卢扎泽目前也高度重视该方法。他在许多著作中研究的都是哲学方法论问题以及哲学与历史的关系问题。与此同时，我们也注意到，阿塞拜疆的哲学史对阿塞拜疆启蒙运动哲学进行了深入研究。尽管20世纪的阿塞拜疆哲学带有意识形态倾向和苏联色彩，但它也站在了启蒙运动者的肩膀之上。相较于教条的马克思主义，启蒙运动者的思想赋予了苏维埃阿塞拜疆哲学相对的独立性。阿塞拜疆哲学史和哲学学科也使阿塞拜疆哲学具备了独立性，但仅此而已。应该搞清楚，启蒙运动的哲学要研究什么。

为研究这个问题，我们将启蒙运动分为三个阶段。第一阶段刚好开始于19世纪中叶，该阶段与A. 巴基哈诺夫的创作以及他的科学历史观有关。巴基哈诺夫的方法是在俄罗斯历史的影响下形成的。但是借助俄罗斯的历史，他认识到了影响阿塞拜疆19世纪之前历史发展的要素。之后的哈桑别克·扎尔达比与巴基哈诺夫是同时代的人，他更看重知识和宣传在教化民众事业中的作用。我们熟知的M. Ф. 阿洪多夫也出版过自己的哲学著作，他受到法国哲学家和德国哲学家的影响，吸收了启蒙思想和摆脱宗教束缚的思想。接下来发生的扎吉德运动（伊斯兰革命思想）（扎吉德运动是19世纪末至20世纪初中亚资产阶级民族主义运动——译者注），一直持续到东方建立了第一个民主共和国——阿塞拜疆民主共和国（1918—1920年）。启蒙运动的第二阶段与苏维埃阿塞拜疆的哲学家和阿塞拜疆的启蒙哲学有关。当然，阿塞拜疆的启蒙哲学也受到了来自苏维埃马克思主义的影响。不过，阿塞拜疆哲学所具有的相对独立性，并不是真正的独立性。

从某种意义上讲，这种独立性是个人的智慧和哲学经验。[①]
启蒙运动的第三阶段开始于阿塞拜疆获得独立之后。第三阶
段我们的任务是，弄清楚阿塞拜疆哲学研究（作为民族哲
学）的特色是什么。

物理主义和认识论

苏联时期，阿塞拜疆的高等院校没有哲学系。从事哲学
研究的往往是物理系、数学系和化学生物医系的毕业生，以
及历史专业的学者和教师。因此，哲学很自然地退化成了科
学，其特性常常被忽略掉。一般而言，哲学的任务是展示科
学成果。不过，我们不应该忽视一点，那就是在哲学的引领
下，形成了生态哲学、哲学与社会学、文化哲学等这样的研
究方向。

有些著作常常使用"科学技术"、量子信息、信息社会
等这类的概念。当然，这些著作的作者（3. 奥鲁杰夫、H.
马梅多夫、A. 阿巴索夫）已经尝试或正在尝试使用科学的
方法对社会进行研究，而且这类研究往往会引起人们极大的
兴趣，但这些研究无法突显出哲学的功能。我们并不否认跨
学科研究的现实性，但承认这种现实性，并不意味着就要丢
掉哲学或者忽视哲学。诚然，当科学工作者尝试使用科学的

---

① ［阿］伊利哈姆·玛门德扎杰、泽姆菲拉·格尤舍娃：《哈桑别克·扎尔达比的现
代启蒙思想和启蒙哲学》，巴库：泰克努尔出版社 2015 年版。

方法去分析社会进程的时候，哲学也在进步。但哲学研究不仅限于此，而且哲学也不能归结为科学方法，因为除了科学方法，还有哲学方法，或者说还有哲学方法的使用特点。许多当代阿塞拜疆哲学家认为，科学是一把钥匙，它可以帮助我们正确管理社会和世界，教会我们对社会进行分类和评价，可以让行为保持理序性，让过程充满逻辑性。但尽管如此，有些学者在自己的著作中，对于马克思的著作和西方新马克思主义著作的兴趣并不是很浓，甚至没有任何兴趣。

伦理、道德和文化

阿塞拜疆国内的一些哲学家的出发点是，哲学的特征充分体现在伦理学与道德和文化（价值观）研究当中。他们认为，道德作用和人文功能对哲学来说是最重要的。关于这一点，我们不会去争辩，更何况我们对伦理学和道德哲学史进行了大量的研究［例如：《伦理学概要》，巴库，《Муаллим》（阿语，译为有威望的人——译者注），2004 年；《道德阐释的经验》，巴库，《Муаллим》，2006 年；还有更早出版的专著：《政治与道德》，巴库，《Азернешр》，1989 年；《政治伦理学》，1997 年］。阿塞拜疆伦理学的鼻祖 З. 格尤舍夫——哲学研究所伦理学研究室首位主任——在 20 世纪 60 年代就为这种方法奠定了基础。

格尤舍夫认为，伦理和道德是哲学家与人之间展开的对话。人所思考的问题是，善良、良心、道德和罪恶是什么①。因此，格尤舍夫讨论的已经不是传统的伦理学，即苏格拉底、亚里士多德时期就开始遵循的哲学原则，而是出于哲学家自身经验的精神对话。在他的所有著作中，类似的对话占据了非常重要的位置。如今，仍有很多人在读他的作品，今天的阿塞拜疆人对这些永恒的问题依旧很感兴趣。格尤舍夫作品中的对话仍然吸引着读者的眼球。

在伦理道德这方面，阿塞拜疆哲学家所关注的问题是：当代西方伦理学研究的是什么？当代西方伦理学如何解决善恶的认识问题？我们在此基础上如何解读阿塞拜疆社会的伦理问题？有些哲学家相信，对于阿塞拜疆这个穆斯林国家，这些问题应该由宗教给出答案。但是，这些问题依然是阿塞拜疆人的兴趣所在。他们完全可以在宗教文献中找到答案，但显然，他们还是钟情于仔细思索、反复讨论，靠自己找出答案。我们认为，这是阿塞拜疆人与其他穆斯林的区别所在。

最近一段时间，阿塞拜疆的哲学家开始关注民族认同、多元认同、多元文化主义和伊斯兰团结等问题。我们认为，对伦理道德问题的兴趣引发了这些思考。显然，不仅伦理学家和哲学家，每一位社会学家也在关注这些问题。我认为，正是对道德和认同感的兴趣，才赋予了这些思考更多

---

① ［阿］格尤舍夫：《美德和恶习》，阿塞拜疆国家出版社 1972 年版。

的现实意义。①

结　语

　　哲学是什么？哲学史是什么？历史是什么？这些问题是哲学在某一社会体系中维持自己生命力最重要的条件，却又不限于此。起初哲学家要做的是，阅读那些早些时候曾提出这些问题的境外哲学家的著作。紧接着，哲学家把这些问题抛给自己：周围世界是怎样的，世界的本体和局部是怎样呈现的。如今，这些问题也引起了阿塞拜疆哲学工作者以及非哲学专业人士的兴趣。但是，我们不应该局限于阿塞拜疆哲学家和社会学家所争论的话题当中，而应该尝试将这一内容纳入世界哲学的进程当中。为此，首先应该从概念上把握20世纪的西欧哲学，然后关注中国、阿拉伯、土耳其和印度的哲学。但这还不够。哲学就是在意识、语言和经验方面提出问题。为了提出更加专业的问题，不仅需要掌握哲学、历史、语言学方面的知识，还要了解生物学、神经生理学、心理学等方面的知识。换句话说，对哲学家而言，想要提出"自己研究的是什么"这样的问题，就必须了解多方面的知识。

---

① ［阿］玛门德扎杰：《关于多元文化哲学》，《哲学问题》，2016 年。

浅析当代苏联加盟共和国
民族哲学兴起的根源[*]

祖春明

（中国社会科学院哲学研究所，中国社会科学院
中国文化研究中心俄罗斯中亚研究部）

　　本人开始关注"民族哲学"概念始于 2017 年在明斯克召开的第一届白俄罗斯哲学大会，大会的主题是"全球化背景下的民族哲学"。这里谈及的"民族哲学"不同于我国学界近二三十年来所讨论的"少数民族哲学"概念。在我国哲学研究的语境中，"民族哲学"概念主要是针对国内哲学研究以汉族哲学思想为主流的现象，以及在新的历史时期（改革开放初期）完善和构建新学科的需求①。尽管在争取自身合法性的层面上，这与今天在苏联加盟共和国中热议的民族

---

*　该文已发表在《哲学分析》2020 年第 1 期。
①　宝贵贞：《民族哲学 20 年》，《哲学动态》2001 年第 12 期。

哲学概念存在某种理论同构性，但它们之间还是存在本质区别的。

国内较早在后者意义上来探讨民族哲学话题的可以追溯到 20 世纪 90 年代张百春的《斯拉夫派与俄罗斯民族哲学》一文。他在文中着重讨论了俄罗斯民族意识的苏醒、斯拉夫派的哲学思想、东正教和民族精神等问题，并得出这样的结论："在斯拉夫派的影响下，俄罗斯的哲学家们也形成了这样一种传统：关心俄罗斯人的精神特点、关心俄罗斯民族的特性、关心俄罗斯民族的前途命运。因此，俄罗斯哲学的主要成分就是俄罗斯的民族哲学。"[①]

那么，究竟什么是民族哲学呢？目前，这些国家的学界尚没有给出统一的界定，但其根本的理论诉求是要探讨如何构建与自己民族的精神传统和现实需求相一致的哲学。这里就会遭遇民族哲学合法性的第一个挑战：哲学是单数的还是复数的？在知识社会学的意义上来说，任何一种观念的产生都不能离开思想家所生活的环境。换言之，不同民族的精神传统和现实需求各不相同，如果按照这种逻辑，世界上有多少个民族就将产生多少种民族哲学。

这显然与我们对哲学的理解相矛盾。尽管我们也会使用德国哲学、英国哲学、法国哲学等说法，但它主要是地域限定性描述，哲学始终是单数的概念，它所探讨的一直是人类存在的一般性问题，或者说是按照哲学所特有的方式来探寻

----

① 张百春：《斯拉夫派与俄罗斯民族哲学》，《哈尔滨师专学报》1996 年第 4 期。

真理的问题。

因此，我们认为，基于自己民族的精神传统和现实需求而展开的哲学探索具有其积极的价值和意义，但哲学始终应该是单数意义上的，或者说这类哲学探索应该能够对人类整体产生普遍的价值和意义。如果背离了单数哲学的意义来讨论"民族哲学"概念，就可能会陷入文化民族主义的泥沼，走向哲学探寻真理的反面。因此，本文试图通过挖掘当代民族哲学兴起的根源，进而明确我们究竟应该在何种意义上讨论民族哲学问题才是合理的。

一　民族主义：民族哲学兴起的历史背景

这里谈及的"民族哲学"，其俄文表述为"национальная филлософия"，对应的英文表述应为"national philosophy"，限定词"национальная"的词根为"нация"，它主要有两个含义：民族和国家。我们在翻译"национальная филлософия"时，使用了它的第一种含义。因为基于我们的判断，这个概念的提出与现下民族主义思潮的复兴，或可称为 20 世纪民族主义第三次高潮①的延续不无关系。

进入 21 世纪以来，随着全球化的持续深入，一些人认为民族主义已经成为过时的概念，特别是超民族共同体欧盟的

---

① 通常认为，20 世纪的民族主义共经历了三次高潮：第一次高潮导致了两次世界大战，第二次高潮引导了第三世界国家的去殖民化进程；第三次高潮与苏联解体、东欧剧变同时出现，伴随着新兴民族国家的建构过程。

出现更让人们相信，未来的人类社会或许可以真正摆脱极端民族主义带来的苦难后果。但欧盟各国之间的矛盾与冲突、保守派政党强硬的反移民政策、地方保护主义与文化多元主义之间的对立等事实却在不断提示我们，"以人类的尊严感、以参与历史和管理自己事务的骄傲和满足感填充着追随者的心灵"① 的民族主义魅力有增无减。

1. "民族" 概念与 "国家" 概念的 "联姻"

通常认为，"民族主义正式形成于 18 世纪末和 19 世纪初，其标志性事件是北美独立战争、法国资产阶级大革命和费希特的《对德意志民族的演说》的发表（有人认为，还应包括 1775 年波兰的第一次瓜分）"②。随着欧洲殖民者的脚步遍布亚非拉等殖民地国家，民族主义思想在这些地区获得了广泛的传播，并成为这些国家争取民族独立重要的思想来源。20 世纪下半叶，随着后殖民时代一批新兴民族国家的出现，"民族" 的概念突破了种族的概念界限，获得了与国家概念密切相关的政治意涵，甚至成为了界定民族主义的首要政治原则，即 "政治的和民族的单位应该是一致的"。③

"民族" 概念与 "国家" 概念的联姻并非从 20 世纪下半叶才开始的。17 世纪中期在威斯特伐利亚体系下，欧洲出现了第一批现代意义上的民族国家。这些国家主要是以种族为

---

① ［英］厄尔斯特·盖尔纳：《民族与民族主义》，韩红译，中央编译出版社 2002 年版，第 5 页。

② 同上书，第 3 页。

③ 同上书，第 1 页。

基础建构的，人类社会从此进入一个为自己民族国家的利益进行斗争的时代。

后殖民时代出现的新兴民族国家与传统意义上的现代民族国家之间存在着一些差异。由于殖民时代欧洲殖民者人为划定界限的随意性，当这些国家获得主权独立的时候，在同一个"民族国家"中就出现了不同的族群、宗教、语言和习俗。尤其是当基督教徒与穆斯林同处一个国家时，如果出现西美尔所说的"累积性断裂"，那么，国家秩序的动荡与冲突，乃至分裂将不可避免。换言之，在民族国家出现之初，民族主义的政治原则，即"政治的和民族的单位应该是一致的"并非首要原则。但在后殖民时代，对于那些争取民族独立自主的国家而言，其重要意义就凸显出来。

2. 苏联加盟共和国亟须加强民族与国家的"联姻关系"

苏联解体之后，苏联加盟共和国的情况与后殖民时代新兴民族国家的情况存在某些类似之处。首先，苏联时期各个加盟共和国之间的国界划定也存在随意性（或目的性[①]），没有充分考虑种族、宗教、语言和习俗等方面的差异。苏联解体之初，各个苏联加盟共和国忙于宣誓自己的主权和领土，并没有给予这些差异以特别的关注。但随着国内社会秩序趋于稳定，这些差异所造成的社会撕裂倾向逐渐显现出来，那么，重新打造"民族"的概念，并重申民族主义的政治原则

---

① 今天，一些研究苏联历史的学者提出，苏联政权在划定不同加盟共和国之间边界的时候，有意将不同种族、宗教群体划在一起，以便实现或增强分而治之的统治目的。

就显得尤为重要。

其次，与前殖民地国家对待西方的复杂情绪（尽管会有部分学者对这种说法持怀疑态度，但从情感视角来说，前殖民地国家对于曾经的西方殖民者所怀有的情感是相当复杂的）相类似，这些苏联加盟共和国对俄罗斯的态度也是复杂的。其中比较典型的事例是在苏联解体之后，苏联加盟共和国学界开始重新审视沙皇俄国自 19 世纪开始在这些地区的统治以及 20 世纪初这些国家加入苏联的整个历史过程。

客观来讲，19 世纪沙俄在中亚等地区的扩张同时也意味着这些地区现代化进程的推进。正如王治来在《中亚史》中所说："沙俄的殖民统治虽然给中亚各族人民带来了深重的灾难，但它作为一个经过彼得大帝改革的欧洲国家，也给中亚带来了资本主义的近代文明。"[①] 苏联时期的无神论对中亚和高加索地区穆斯林社会的世俗化进程也产生了重要影响。我们在中亚地区的调研中发现，中亚国家的世俗化和开放化程度较高，这在很大程度上使其避免了宗教极端主义可能带来的各种风险。

3. 去俄罗斯化是实现民族与国家"联姻"的重要手段

尽管如此，为了强化"民族"与"国家"概念之间的联姻关系，苏联加盟共和国的去俄罗斯趋势也相当明显，仅以中亚国家的文字改制为例。中亚五国中除塔吉克斯坦之外，

---

① 王治来：《中亚简史》，人民出版社 2010 年版，第 277 页。

其他四国加上外高加索的阿塞拜疆都是使用突厥语的穆斯林国家。自苏联解体之初，以上五个国家便先后开始了文字改制进程，即其民族语言的文字拼写体系从苏联时期的基里尔字母拼读转向拉丁字母拼读。文字系统具有重要的文明承载功能，一般来说，采用哪种字母拼写系统就意味着选择何种文明形态和发展模式。

在历史上，这些国家的文字改制均与重大的文明选择（主动或被动）密切相关：公元 10 世纪，伴随着伊斯兰教在中亚地区的传播，阿拉伯字母表被广泛采用；19 世纪沙皇俄国在这一地区积极推行俄罗斯化，基里尔字母表获得了一定的普及；20 世纪初期在土耳其凯末尔主义的影响之下，有些国家开始尝试使用拉丁字母表进行拼写（1922—1939 年，阿塞拜疆语曾采用拉丁字母拼写）；苏维埃政权建立之后，基里尔字母表取得了唯一合法的地位。因此，从这些国家文字改制取向上来看，它们并没有选择延续俄罗斯化的进程。

历史经验表明，越是处于全球化边缘的地区，越容易受到民族主义的影响。苏联解体、东欧剧变后出现的这些新兴民族国家大多处于全球化所波及的边缘地带，关于"民族哲学"话题的热议本身在某种程度上也反映了民族主义思潮在这些新兴民族国家中的影响仍在持续。因此，民族主义在苏联加盟共和国中的复兴可以为我们理解民族哲学的兴起提供一个必要的历史背景。

二 民族国家的身份认同：民族哲学兴起的现实需求

如果说民族主义在苏联加盟共和国的复兴为我们理解民族哲学的兴起提供了必要的历史背景的话，与之相伴的建构民族国家的身份认同则体现了民族哲学兴起的现实需求。除此之外，在某种程度上来说，民族哲学话题的提出也与人文社会科学领域知识分子的"处境"密切相关。换言之，为了应对人文社会科学衰落的普遍趋势（这种趋势在新兴民族国家之中表现地尤为突出），知识分子们有意"制造"了民族哲学的话题。

1. "民族"概念的合法性之争

如上所述，这些新兴民族国家亟须重新打造民族国家的身份认同，以强化国民对自己国家的忠诚。这是它们现阶段的首要任务之一，但也是存在最大理论和现实困难的任务。

首先，从理论层面来看，时至今日，我们都很难对"民族"的概念做出准确界定。有些学者主张民族只是"想象的共同体"，比如本尼迪克特在其成名作《想象的共同体——民族主义的起源与散播》中就着重分析了"民族"这个概念是如何由一群知识分子想象和创造出来的过程。有些学者主张可以从文化或唯意志论（互相承认其为自己民族的成员）的角度对其进行界定，但这种界定方法也存在很多不确定因素。还有些学者从本体论的角度指出，"身属一个民族，不是人性固有的特点"①，只是因为在民族国家作为国际关系的主体时代，时代的需要才让它"已经显然成为人性固有的特点了。"②

其次，从现实层面来看，现今世界上的大多数国家并非是由单一民族构成的国家，"一个民族，一个国家"的案例是鲜见的③。进一步来讲，"拯救被压制少数民族的理念忽略了这样一种前景：被压制的少数族群一旦成为他们自己国家的统治者后，他们就会立刻开始压制其他处于他们控制之下的少数族群"④。因此，民族主义要求每个民族都有自己的独立国家，但"无视历史也无视人口，让每个民族都有他们自己祖国的这一特别理念，并没有考虑经济和军事方面的安全问题"⑤。从这种意义上来讲，当代世界的很多冲突都与这种民族主义的诉求直接相关。因此，我们需要谨慎使用"民族"和"民族国家"这两个概念。

2. 民族身份真的是必要的吗？

进一步来说，对自己民族身份的刻画是晚近才出现的社会现象。在人类漫长的农业社会中，处于较为封闭社会中的群体，"其成员也许对明确刻画自己的特征毫无兴趣"⑥。因

---

① ［英］厄尔斯特·盖尔纳：《民族与民族主义》，韩红译，中央编译出版社 2002 年版，第 8 页。

② 同上。

③ 同上书，第 175 页。

④ ［美］托马斯·索维尔：《知识分子与社会》，张亚月、梁兴国译，中信出版社 2013 年版，第 250 页。

⑤ 同上。

⑥ ［英］厄尔斯特·盖尔纳：《民族与民族主义》，韩红译，中央编译出版社 2002 年版，第 18 页。

为在农业社会中，"一个家庭在经济和政治上的生存完全取决于巧妙利用和维持不明确的东西，取决于留有选择的余地，保持各种联系。"① 因此，盖尔纳认为，"农业社会的社会组织不利于民族主义原则，不利于政治和文化单位的结合，也不利于每个政治单位保持文化的同质性和学校传播的本质。"② 只有到了工业社会时期，文化同质性逐渐形成之后，民族主义产生的条件才开始成熟。换言之，民族国家并不是什么族裔或者文化群体明显的最终命运。只是到了现在，"明确刻画自己的体征是一个力图对内保持同一性，对外实现自治的假定存在的民族的特点"③。

从另一方面来说，只有在工业社会时期，国家作为"权力集装器"④ 在推行同质文化过程中才能充分发挥作用。这种同质文化是经过精心设计建构的、超越种群文化的"高层次"文化（盖尔纳术语）。国家负责设计和建构这种文化，并通过教育意识形态国家机器推行它，进而增强民族国家认同，并在这个过程中实现了文化与政权的结合。在新兴民族国家设计建构"高层次"文化的过程中，哲学也成为其中一个重要的思想力量。

3. 人文社会科学普遍衰落背景下的哲学家"出路"

民族哲学的兴起还与当前各国人文社会科学的普遍衰落

① ［英］厄尔斯特·盖尔纳：《民族与民族主义》，韩红译，中央编译出版社 2002 年版，第 18 页。

② 同上书，第 53 页。

③ 同上书，第 18 页。

④ ［英］安东尼·吉登斯：《民族—国家与暴力》，胡宗泽等译，生活·读书·新知三联书店 1998 年版，第 145 页。

趋势直接相关。比如，根据日本文科省的通知，为了应对未来智能社会的发展，日本需要文理融通的知识。这一通知被称为"六八通知"，自此之后，日本的人文社会科学呈现明显的衰落趋势。又如，俄罗斯科学院哲学研究所被勒令搬离的事件也在一定程度上反映出人文社会科学在国家发展中的作用正日益式微。

俄罗斯科学院哲学研究所原址位于莫斯科红场附近，在苏联时期，哲学家曾在国家意识形态机器中扮演重要角色，乃至在苏联解体之后，社会中竟出现一些言论，公开谴责苏联马克思主义哲学家弗罗洛夫的新人道主义最终导致苏联解体。由此可见，苏联时期的哲学界与政权之间的关系非常密切。但今天哲学研究所却被勒令搬离，成为哲学乃至整个人文社会科学远离政权的一大象征。

在苏联加盟共和国中，人文社会科学衰落的趋势更加明显。我们在中亚调研期间发现，中亚国家主要的科研机构和大学中都存在相当程度的性别比例失衡现象，女性所占比例明显高于男性。造成这种状况的原因主要在于，政府对人文社会科学的资助力度在逐年降低，很多优秀的男性不得不从事其他收入可观的工作。

如果我们继续深入探讨人文社会科学衰落的原因，功利主义和实用主义的兴起无疑是最根本的。当"有没有用？"成为人们衡量事物的标准时，哲学显然被归入到了"无用"的行列。因此，在现阶段哲学需要证明自己存在的合法性，或者说回答人们一直在谈的问题："哲学究竟有什么用？"由此可见，在人文社会科学呈现衰落趋势的大背景之下，苏联加盟共和国的哲学界为自己选择了一条"出路"，那就是通过积极介入民族国家身份的建构过程来重申自己存在的合法性。

总之，尽管人们对于"民族"和"民族身份"等概念的合法性问题始终存在各种质疑，但对于苏联加盟共和国这类的新兴民族国家而言，现实需求远超过理论探索的重要性。加之当代人文社会科学普遍衰落的压力，这些国家的哲学家们"制造"或"重新阐释"民族哲学的话题也就不足为奇了。

三　民族精神：民族哲学兴起的
"精神"基础

通过考察俄国思想史，我们认为，至少在苏联加盟共和国之中，民族哲学的兴起与"民族精神"这个概念及其含义的演变过程密切相关。民族精神是文明有机论的重要概念之一，而要追溯文明有机论的源头，德国浪漫派思想家约翰·哥特弗雷德·赫尔德（1744—1803）是无法回避的。

1. 赫尔德"民族精神"概念的"魅力"

赫尔德是18世纪启蒙运动中一个极具特色的形象，他与康德之间的学术纷争已经成为学界热衷的一桩奇谈。与康德相信人类理性力量不同，赫尔德理念的核心是某种"有机力量"。他认为，不同民族被赋予了不同的"有机力量"（天赋），发展出不同的文化，因此，历史的规律就是文化的规律。"各族人民的发展仿佛构成一个统一的链条，在这个链条上每一个环节都必然是与前一个环节和后一个环节相联系着的，"① 换言之，"在赫尔德面前所展现的世界是一个统一的、不断发展的过程，这个发展过程合乎规律地经过一些完全确定的必然的阶段"②。因此，赫尔德宣称，"地球上的任何一个民族也不是精选的民族，欧洲文化是最不可能被当作人类的善良和价值的标准的"③。

赫尔德的文化等值论思想对那些试图寻找自己民族文化自主性基础的知识分子而言具有相当的吸引力。在《"俄罗斯意识"的建构特征——再看斯拉夫派与西方派的争论》④一文中，本人曾分析过斯拉夫派的思想与赫尔德文明有机论之间的思想关联，并指出"民族精神"恰恰是证明这种思想关联的关键所在。沿着这条思想的线索，赫尔德的"有机力量"概念及由此发展出来的"文化等值论"思想经过斯拉夫派、丹尼列夫斯基的文明史观，最后影响到了 20 世纪初在俄侨思想圈中形成的古典欧亚主义⑤。

2. "民族精神"在俄国走向了它的"反面"

在"民族精神"的鼓舞下，俄国出现了斯拉夫主义和后

---

① ［苏］阿·符·古留加：《赫尔德》（第二版），侯鸿勋译，上海人民出版社 1985 年版，第 66 页。

② 同上书，第 55 页。

③ 同上书，第 101 页。

④ 祖春明：《"俄罗斯意识"的建构特征——再看斯拉夫派与西方派的争论》，《开放时代》2012 年第 10 期。

⑤ 关于古典欧亚主义的研究，可参见祖春明：《斯拉夫主义与欧亚主义：俄罗斯文明圈重构的两种范式》，《苏州大学学报（哲学社会科学版）》2014 年第 2 期。

来的古典欧亚主义。这两种学说都强调俄罗斯文明是一种与
西方文明存在根本差别、具有其自身独特性和自主性的文明
形态。但从另一方面来说，它们在某种程度上又是一种对抗
民族主义的方案。换言之，"民族精神"在俄国走向了它的
"反面"。

当民族国家在 19 世纪达到其发展顶峰的时候，"这些政
府在世纪演变过程中使民族性（nationality）成为公民的先决
条件，使全体居民的同质性成为政体的显著特点"①。这就使
得"民族中的民族"（阿伦特语，但她专指的是犹太人）变
得不被容忍。

但这种状况对 19 世纪乃至 20 世纪初的俄国而言是个巨
大的挑战。当时俄国辖下的不只是多种民族群体，更是多元
的宗教和文化群体。如果这些群体拿起"民族精神"的理论
武器反抗沙皇俄国统治的话，势必会对其统治的基础造成一
定的影响。

因此，本人在《斯拉夫主义与欧亚主义：俄罗斯文明圈
重构的两种范式》中提出，在不同的历史发展阶段，俄罗斯
文明圈面临不同的解构危机。这种解构危机不仅来自西方文
明的冲击，也可能来自文明圈内部"民族精神"的复苏。在
这个意义上来说，斯拉夫主义和欧亚主义主要是为重构俄罗
斯文明圈提供方案和范式，前者提出了血缘文化认同范式，

---

① ［美］汉娜·阿伦特：《极权主义的起源》，生活·读书·新知三联书店 2014 年版，
第46 页。

后者提出了地缘文化认同范式。因此，俄国思想界通过斯拉夫主义和欧亚主义实现了对"民族精神"概念的扬弃。

3. 苏联加盟共和国："民族精神"的"进取"阶段

沿着"民族精神"的这条脉络继续向下就会发现，在苏联时期的列夫·谷米廖夫（Лев Гумилёв，1912—1992）那里，"民族精神"这个概念获得了重新的阐释，并进入所谓的"进取精神"阶段。

列夫·谷米廖夫被视为苏联本土唯一的欧亚主义者。他把"民族"视为考察历史的主体，更进一步在《从罗斯到俄罗斯》（От Руси до России）一书中提出了"进取精神"（抑或译为"进取性"，Пассионарность）这一概念用以描述民族的发展过程。他将"民族"视为一个"有机体"，要经历从形成、发展、成熟、衰落乃至消亡的不同阶段。每个阶段又与"进取精神"的不同状态直接相关，具体而言，可划分为进取精神的上升阶段、转折阶段、惰性阶段、倒退阶段和追忆阶段。

谷米廖夫认为，当一个民族的"进取精神"处于上升阶段的时候，正是新民族的形成时期。在这个时期，在原有民族的基础之上，进取精神使得新民族在一定的区域范围内整合不同的民族群体，形成超民族统一体。当进取精神达到最高值时，人们就会放弃继续整合，而是"成为自己"，寻找自己独特的民族属性。

在这个意义上来说，或许是苏联的解体赋予了苏联各个加盟共和国家以"进取精神"迸发的可能性。如果这些国家始终处于苏联"大一统"的意识形态空间之内，它们不可能意识到"民族精神"或"进取精神"对于自己民族的必要性。但由于疆域的限制，这些国家并没有经历所谓的"超民族"整合期（当然，某些苏联加盟共和国之间的领土纷争或可被视为一种"整合"的冲动），而直接进入到了民族自我意识的建构阶段，即探索自己独特民族属性的阶段。

总之，当我们挖掘当代民族哲学兴起的精神基础时，"民族精神"无疑是其重要的思想成分。这个概念经过俄国思想家的持续阐释已经获得了与赫尔德时代不大相同的意义。尽管如此，它所强调的民族"有机力量"的独特性却没有发生实质性改变。而正是在这个意义上，苏联加盟共和国的学者们在谈论民族哲学时才获得了"精神"的基础。

四　民族哲学的意识形态功能

除了上述的三大根源，民族哲学的兴起还有其作为意识形态的功能需求。从某种意义上来说，在苏联加盟共和国这类的新兴民族国家中，重构民族身份认同本身就已经预设了意识形态的功能。但鉴于"意识形态"这个概念具有多重内涵，这里拟首先对其内涵进行谱系性梳理，进而明确"意识形态"在本文中的含义，并进一步指出知识分子在国家意识形态建构中所扮演的角色。

1. 意识领域的形态变化

"意识形态"（Ideology）这个概念首先是在 1796 年由法

国启蒙哲学家特拉西提出的。特拉西所提出的"意识形态"概念是指，建立对概念和感知进行科学分析方法的学问，因此，比较准确的翻译是"观念学"①。

但拿破仑在 1812 年遭遇俄国的失败之后，他指责"我们美好的法国所遭受的病患应归罪于 Ideology，那种玄幻的形而上学，它晦涩地寻求民众立法基础的初始推动力，而不是去利用人类心灵和历史教训所知晓的规律。这些错误不可避免地，而且事实上，导致了嗜血人物的统治"②。这里的"意识形态"概念已经初步具有了马克思在《德意志意识形态》中所阐释的含义，即虚假的形而上学观念。

马克思在《德意志意识形态》一书中对此做过如下论述，"统治阶级的思想在每一个时代都是占统治地位的思想。这就是说，一个阶级是社会上占统治地位的物质力量，同时也是社会上占统治地位的精神力量。支配着物质生产资料的阶级，同时也支配着精神生产资料，因此，那些没有精神生产资料的人的思想，一般地隶属于这个阶级的"③。换言之，马克思在最早使用"意识形态"这个概念时，表面看来是在批判青年黑格尔学派的形而上学观念，但实质上已经触及了"意识形态"作为统治阶级支配思想的含义。

在《政治经济学批判》序言中，马克思使用"意识形态"概念时的指涉更为广阔。他指出，"随着经济基础的变

---

① 冯宪光：《意识形态的流转》，《社会科学研究》2007 年第 1 期。
② ［英］约翰·B. 汤普森：《意识形态与现代文化》，译林出版社 2005 年版，第 34 页。
③ 马克思、恩格斯：《德意志意识形态（节选本）》，人民出版社 2003 年版，第 43 页。

更，全部庞大的上层建筑也或慢或快地发生变革。在考察这些变革时，必须时刻把下面两者区分开来：一种是生产的经济条件方面所发生的物质的、可以用自然科学的精确性指明的变革，一种是人们借以意识到这个冲突并力求克服的那些法律的、政治的、宗教的、艺术的或哲学的，简言之，意识形态的形式"。这里的"意识形态"概念逐渐脱离其原初的批判意蕴，转而表示与经济基础变更有关的意识领域的形态变化。

2. 意识形态是主体社会"处境"的反映

在马克思关于"意识形态"理解的基础之上，曼海姆开创了知识社会学的研究。所谓的知识社会学，曼海姆将其视为一种新型的、科学的政治学基础，其基本观念是人类的意识与主体的社会"处境"密切相关，在此前提之下，我们可以对意识的形态进行科学的分析。

需要强调的是，曼海姆所关注的主体意识形态是一种整体性观念，也就是说，"知识社会学在分析某一时期某一特定社会阶层的思想时，所关注的不仅是一时流行的观念和思想方式，而是还要关注这种思想产生的整个社会环境。这就必须考虑使某些集团接受或拒绝某种思想的那些决定因素，还要考虑促使某些集团有意识地助长这些思想并在更广泛的范围内传播它们的动机和利益"①。

曼海姆在《意识形态与乌托邦》一书中从知识社会学的

---

① ［德］卡尔·曼海姆：《意识形态与乌托邦》，商务印书馆 2000 年版，第 22 页。

角度分析了意识形态与乌托邦产生的社会基础及原因，指出意识形态和乌托邦都起源于这样一种社会处境，即一个群体的集体知识可能（但并非必然）无法与生存条件相适应。在这种处境之下，意识形态可能会在试图稳定社会时曲解现实；而乌托邦则可能会在试图对社会进行激进改革时曲解现实。

因此，曼海姆主要继承了马克思对意识形态进行批判的遗产，包括后来的盖尔纳。他在分析所谓的"高层次"文化形成时指出，"总的说来，民族主义意识形态受到普遍存在的虚假意识的影响。它的神话颠倒了事实：它声称捍卫民间文化，而事实上，却在构建一种高层次文化；它声称保护着一个古老的民间社会，而事实上，却在为建立一个没有个性特征的大众社会推波助澜……它宣传和捍卫延续性，但是，它之所以能够存在，却是因为人类历史上出现一个极其深刻的、决定性的断裂"①。

3. 知识分子与意识形态使命

综上，本文在使用"意识形态"的概念时，主要是指国家为调节民众的意识与现实之间关系而构建"高层次"文化的一种努力和尝试。如上文所述，在构建国家的"高层次"文化时，包括哲学家在内的知识分子群体是其中相当重要的思想力量。马克思曾指出，知识分子是一群掌握了知识权力

---

① ［英］厄尔斯特·盖尔纳：《民族与民族主义》，韩红译，中央编译出版社2002年版，第163页。

的人，也是与政权"合谋"精心设计"高层次"文化的人。

当然，我们不能因此就将所有知识分子都归入职业意识形态专家的行列，尤其是在当下民族国家作为国际主体的大背景之下，几乎所有知识分子都会理所当然地扮演起维护自己民族国家利益的角色。在苏联加盟共和国这类新兴民族国家中，知识分子群体的意识形态使命显得尤为重要。

自苏联解体以来，这些国家就开始了对其民族身份认同的建构，而知识分子群体在其中所发挥的作用至关重要。我们在上文中已经谈到，这些新兴民族国家仍然面临着由于宗教、族群、语言和习俗等差进一步分裂和解体的危机。因此，对于这些国家而言，如何规避以上可能造成民族国家分裂的各种因素，如何构建能唤起所有人认同的符号象征体系就显得尤为重要。在这个过程中，包括哲学家在内的知识分子群体的意识形态使命主要表现在，构建并在理论上对这个符号象征体系进行阐释。

因此，民族哲学的兴起也可被视为苏联加盟共和国知识分子群体履行意识形态功能的重要举措。民族哲学究竟能在多大程度有助于新兴民族国家的民族身份建构，我们仍需拭目以待。但意识形态功能的需要却使人文社会科学加强了对现实问题的关注，比如，阿塞拜疆哲学家开始热议伦理问题、伊斯兰团结问题、多重价值等问题；白俄罗斯哲学家们对创新社会、教育和文化等问题进行深入的哲学反思等。

五　结语

总之，在当下苏联加盟共和国出现的这股讨论民族哲学问题的热潮进一步表明：第一，尽管几乎所有这些新兴的民族国家都在努力推行去俄罗斯化，但它们与俄罗斯之间的精神联系显然并未完全割断，相反，两者在探寻自主的民族精神合法性层面上的取向却是完全一致的。"民族精神"概念的谱系发展可以充分说明这个问题。第二，但两者之间也存在一定的差异性，前者在确立民族自我意识时的参照系主要是西方（究竟"东方"在何种程度上或何种情况下可能成为参照系的问题，值得深究），后者则需要同时兼顾西方与俄罗斯两个维度。第三，哲学作为人类把握现实的一种独特手段，它将如何与这些新兴民族国家的精神建构过程相结合仍是一种全新的尝试。

返回到我们在文章开头所提出的问题，究竟在何种意义上讨论民族哲学才是合理的？我们认为，在民族哲学的思考框架之下，如果个别国家知识分子思考的问题变成现代社会所共同关注或引发困惑的问题，这才会为民族哲学提供合法性基础。相反，民族哲学如果始终执着于个别国家的特殊问题，即使它使用哲学的一般方式进行论证，我们也很难将其纳入主流哲学史的范畴之内。因此，哲学的一般性原则不应简单地让位于民族性，而是要在两者之间找到一种平衡，让民族的智慧产生对人类文明普遍的价值。

新阶段全球化下的民族哲学

〔俄〕B. H. 舍甫琴科

（俄罗斯科学院哲学所）

当前民族哲学发展趋势的问题日趋迫切，这首先与新阶段的全球化发展有着密切的联系。

众所周知，全球化的第一阶段是，在 20 世纪 90 年代初形成的单极化世界的环境下，尝试建立新自由主义全球化模式。近些年来，全球化最普遍的解读方式是，它把所有国家社会生活各个领域中的结构、联系和关系普遍化、一体化。无论是西方，还是俄罗斯，都在热烈讨论"以领土为划分界限的民族国家已然过时"的观念，认为出现了"新"人类，即个体游牧者。在西方以外的国家，民族哲学从某种意义上讲正在逐渐排挤掉现有的哲学流派，后者好像已经过时，或者说在西方理性思维、现代派社会价值观的强攻下正在迅速衰落。

但是，与所有的预测恰好相反，全球化意外地遇到了一个无形的障碍。全球化作为一种普遍化的进程，非但没有稳步发展，反而受到世界各国民族文化与日俱增的抵抗。这种情况再加上其他一些重要因素，说明在20世纪最初十年，全球化开始进入了实质性的全新阶段，世界发展的趋势由单极化转变为多极化。

新历史时代的口号是"共同前进，但每个人都要走自己的路，每个人都有自己的方法"。一些文明大国或"文明国家"，如中国、伊朗、土耳其、印度和巴西，这些国家和某些国际组织（如欧盟）一样，正在成为或者已经成为多极化世界中独立的力量中心。这些文明国家的特征是，它们由于各种原因，以各自的方式正在返回或已经返回到它们早先背离的民族发展道路上。俄罗斯的情况又有所不同。俄罗斯无法选择进一步发展的方向，这就使国内民族哲学的状态问题变得异常尖锐。

首先我们要谈的是，如何理解民族哲学。"национальный"一词有两层含义。西欧的民族国家出现在资本主义形成时期，它们无论是过去还是现在，都属于统一的西方文明。虽然欧洲各国当代哲学体系中存有差异，各国哲学的研究任务也不尽相同，但这没有破坏厚重的欧洲文明的统一性。谈到中国或俄罗斯这样文明大国的民族哲学时，它们都有各自的特点。

在现如今的后苏联时期，俄罗斯哲学的多元化已成为不争的事实。在俄罗斯国内有这样一些人，他们是西方和其他地区主流哲学流派的追随者。可是，俄罗斯哲学家追捧多元主义哲学的背后，也潜藏着巨大危险，那就是我们有可能丧失掉本民族的哲学特点。现实中存在一种情况：西方哲学逐渐吞没或吸收其他国家的哲学思想。简单地说，吞没指的就是西方哲学中的检验标准和验证标准，不断影响俄罗斯社会，结果后者接受了西方标准，将自己完全纳入西方思想体系当中。

在这种环境下存在着现实危险，那就是哲学在科学与社会生活中丧失了主要的社会作用。我们在当下俄罗斯社会的每个领域——哲学、科学、政治、日常生活——都会感受到这种危险。例如，哲学讨论主要是在每个哲学流派内部进行，而其他人则根本不感兴趣。

学术层面的哲学，不是各个哲学体系、体系中的流派以及体系中的师承关系的简单总和。在这个总和中，总能找出一系列隶属于某个哲学流派的名字（每个流派都能从整体上体现文明的本源），以及归属于俄罗斯（俄罗斯族）文明的精髓。尽管每一位学者都有自己的理解方式。但这个方向应该是研究的主要方向，也就是主流。研究的主流方向在国家哲学的历史发展中是清晰可见的。毫不夸张地讲，民族哲学是其中的一部分，也是俄罗斯专业哲学中最根本的组成。

如果说哲学是时代的自我精神意识，那么每一个新的历史时代都会孕育出新的名字和新的思想，而后者将会给文明的本质赋予更加丰富多彩的哲学理念。自我认同和可变性是认识文明的本质、把握文化常项过程中两个不可分割的要素。

在许多国家的哲学文献中，针对"是否存在统一的世界哲学"这一问题一直存有争议。有些哲学家认为，统一的哲学是存在的，而具体的民族哲学是其表现形式。其他哲学家则认为，统一的通用哲学只能通过与民族哲学相互作用才能发展，更何况二者之间的联系变得越来越多样化，越来越紧密。俄罗斯刊物最近刊载了一篇文章，其中针对"是否存在世界哲学"这一问题给出了一个非常明确的回答："世界哲学根本就不存在，而且原则上来看，世界哲学也不可能存在。存在的只有民族哲学。世界哲学只是在整个哲学存在期间所积累的用于解决世界观问题的各种方案的总和。只有依靠民族文化和民族传统，哲学家才能对这一总和做出自己的'贡献'"。①

论证未来社会完美结构的理想，是每个民族哲学的显著特征。这个理想（或者现如今人们常说的"这个方案"）是否具有全人类的普遍特性？答案是肯定的。因为哲学知识的特殊性恰恰在于它的普遍性。民族哲学论证了社会的完美结构这一理想，同时又证实了，这个理想上存在着普遍性的印记。如果是这样的话，那么统一的世界哲学当然是可能存在的，但它只有在民族哲学的代表们共同商讨全人类共同未来的过程中，才能找到坚实的根基。这里出现了一个有趣而又十分复杂的问题，那就是社会理想（或方案）的普遍性与各个民族哲学的重合度有多高。

---

① ［俄］А. Л. 尼基弗洛夫：《是否存在世界哲学？》，《哲学问题》2017 年第 11 期。

　　在这个问题上，哲学家如果想要互相协作，就需要一个可以使谈话变得直观且富有成效的哲学视角。哲学体系致力于创造一个理想的精神世界，这是一个政治伦理工程。理想的精神世界既拥有完美的社会结构，也拥有完美的人。2013年8月在雅典举行了第二十三届世界哲学大会，大会主题准确反映了哲学体系的特征——"哲学作为一种追问和生活方式"。2018年8月在北京举行的第二十四届世界哲学大会延续了这一主线，主题是"学以成人"。原则上，正如我们所看到的，我们首先可以讨论哲学论述的两个基本核心——社会公平和有价值的道德人生。针对这些核心价值观，如果借助对话可以深化相互了解，那么对话的参与者就为未来统一的人类文明奠定了坚实的哲学基础。在我看来，社会公平和有价值的道德人生，这是俄罗斯以及中国民族哲学体系中最稳定的基本常项。

　　尽管有大量的哲学家致力于民族哲学的研究，但民族哲学作为俄罗斯哲学的主流，其还有很长的路要走。如果我们研究21世纪有哪些"文明大国"发展得很成功，就会发现，这些大国无疑都能够解决自身的民族和谐问题以及民族道路的抉择问题。俄罗斯同样也面临这样的抉择——应该朝着哪个方向发展。似乎没有一种中庸的方法能够调和两个主要的对立观点。其中第一种观点认为，尽管俄罗斯文明的发展落后于欧洲文明，但也是后者不可分割的一部分。第二种观点认为，俄罗斯文明是一个独一无二的、无与伦比的文明。第二种观点还认为，俄罗斯文明是另一个欧洲或第二个欧洲。

它不是西罗马帝国的直接继承人，而是拜占庭——东罗马帝国——的直接继承人。在我看来，世界近代历史上的很多事件都证实了俄罗斯文明的特殊性。

现如今，俄罗斯社会面临的最重要的一项任务是达成前所未有的全民族和解。和解的局面现在还没有出现。从事俄罗斯哲学和文明问题研究的专业哲学家，他们不应该被逼迫到国内哲学进程的边缘，尤其当我们考虑到新阶段全球化的特征。对西方哲学流派的过度痴迷，使得独特的俄罗斯（俄罗斯族）文明被边缘化。这很危险。但是除了学术哲学之外，每个发达社会都有另一层次的哲学知识。

A. A. 古谢伊诺夫院士在《关于哲学的使命》一文中强调，将专业的学术哲学转化为自然、通俗的语言是存在问题的。"大众读者希望看到通俗易懂的哲学文本，这个要求是合理的。他们对哲学家把哲学语言转变为自然语言所付出的努力给予高度的评价。应该指出，哲学语言和自然语言之间总是有间隙的，如果不付出特别的努力是无法克服的。什么是'转换器'，（它可以将文本从一种语言翻译成另一种语言）以及同一个人是否可以执行'转换器'的功能，这是一个特殊问题。"[①]

近几十年的一个显著特征是，公共生活领域与包括哲学在内的人文社会科学领域之间的相互关系发生了根本性的变

① Гусейнов А. А. 《О назначении философии》 / Философия и история философии. К 90 – летию акад. Т. И. Ойзермана. М. : 2005. с. 94.

化。近几十年来，公众对人文知识的渴求呈激增的态势。因此，除了公共政策这门学科，社会思想领域还出现了公共社会学、公共历史学、公共医学等一系列新兴"公共"学科。

五十多年前，美国政治和道德思想家 Ｙ. 利普曼撰写的《公共哲学》于 20 世纪 50 年代中期第一次引入了"公共哲学"① 这个全新的概念。在他看来，"公共哲学"包括一套特定的价值观，这些价值观无疑决定了始自罗马帝国的西方文明的本质。

如果有一个共同的基础来体现文明的特征，并且能够就国家制度达成共识，那么公众讨论便会在公认的价值体系框架内（也就是说，有一个因素能够把所有的一切结合起来）成为一种规范，并产生积极的结果。根据 Ｙ. 利普曼所说，公共哲学的主要意义在于，它扮演着一个"意识形态"哲学的角色，其首先适用于那些积极的公民。西方的自由主义哲学扮演的就是公共哲学的角色，它会非常清晰地，而且如果需要的话，它也会非常严格地在民主自由的存在与实现之间划出界线。

今天，俄罗斯社会面临的一项紧急任务是搞清楚某些哲学意识形态的界限。在这些哲学意识形态框架内，各种社会力量和政治力量的活动，会具有既合法同时又富有建设性的特点。公共哲学完全能够将学术哲学与许多社会政治运动和团体的公共活动联合为一个整体。对于俄罗斯思想而言，笔

---

① Липман У. Публичная философия. М. : 2004.

者承认公共哲学这个概念的重要性。① 在笔者看来，这有助于更好地把握专业哲学与社会各阶层、各政治团体之间的关系。政治团体之所以关注哲学，是要在当代政治和社会生活中，找到他们所关心的重要问题的答案。

多元的教育活动是 20 世纪最常见的一种公共哲学形式。但我想强调的是，在这项活动中，哲学教科书对于非哲学专业人士来说起着特殊的作用。苏联时期，数千万苏联公民在高等院校以及其他一些教育培训中心接受过马克思主义哲学教育。在当时教科书还存在诸多问题的情况下，他们学习接受了有关哲学永恒问题、有关苏联文明的意义和价值等问题的系统性理念。这种在大学期间所获得的知识，是社会当中受教育群体抒发公众情绪、展现公众观念的重要集成中枢。关于这个问题，我们需要单独撰文论述。这样的功能专业的学术哲学是不能实现的。专业哲学并不是以教科书的形式存在的，它是一个融合了各种哲学观点、哲学流派的完整的多分支体系。

因此，我们可以说，每个国家的民族哲学都有两个层面。向国外哲学家推介哲学教科书，这对于那个国家的非哲学专业人士来说具有非常重要的意义。教科书既体现了一国文明的思想和价值观，又蕴含了一个在某种程度上能够凝聚或者应当凝聚这个国家全体公民的要素。如果我们按照百科

---

① Шевченко В. Н. , Зачем нужна обществу публичная философия? //Философский журнал. 2014. №1（12）. cc. 5 – 18.

全书的原则去编写一本教科书，则完全是另一番情景了。这样的教科书无论如何都不会把民族哲学划归为国家哲学的主流。这也就意味着，在把握国家哲学的目标和宗旨时，民族自我意识和民族认同感并没有成为决定性因素。总之，随着对某一民族哲学文明特征的深入理解，阅读该国的教学文献就会显现出巨大的价值。

哲学与全球化的世界

［俄］格里宁 Л. В.
（伏尔加格勒社会研究中心）

关于全球化，我们一直都在讨论一个问题，那就是全球化是何时出现的（是否是地理大发现时期或更早的时期）。从哲学的角度来看，可以说哲学诞生之时便有了全球化。毕竟哲学不同于文学和艺术，哲学是一般性的思考。哲学家总是力求高度的概括，并发掘存在和精神的普适性规律。当然，哲学是在民族的框架下发展的，哲学著作使用的是各种不同的语言，哲学家的个人经验首先来自于其生活的国家，等等。在这方面，哲学的民族特色和民族派别是非常重要的，它们是哲学存在的一种形式。但哲学的精神和哲学的对象是一般性的，是普遍的。1998 年在波士顿举行的第二十届世界哲学大会上，波士顿的一位黑人教授肯定地说，既然存在白人的哲学，那就需要为黑人开创一门专门的哲学。这是对哲学的亵渎，他们企图利用哲学达到小群体的目的。实际上并没有专门针对白种人、黑种人或黄种人的哲学（或者这将是种族哲学），也没有任何哲学只适用于某些民族（或者这将是纳粹哲学）。哲学是探寻真理的学科，而不是追求政治利益的学科。尽管哲学包含不同的学说，哲学著作可以使用不同的语言撰写，但哲学是统一的。

全球化是一个将人类拉近成一个庞大的统一体，让人类把自己视为统一主体的进程。全球化一方面巩固了哲学的普遍性，另一方面又迫切需要彻底改变研究民族哲学的方法。全球化是人类的整体进程，但每个民族都从自身的经验出发，通过所获得的成功和所遇到的困难去评价全球化，并从中寻得自己的利益。非常重要的一点是保持真理的平衡性，找到正确的分析对象。

谈到哲学家在这个瞬息万变的世界中的立场，就必须指出，系统性研究是很重要的。但遗憾的是，尽管哲学的系统性是重中之重，但由于哲学研究的狭窄性，系统性总是被忽略。但是，全球化进程迫切需要系统化的方法。毕竟，世界正在急速变化，而且变化的速度也在加快，各种信息席卷了我们的生活。人们愈发强烈地感到，一方面我们需要深邃的思想，另一方面我们获得的机遇具有相对性。我们的分析手段似乎越来越落后于这些变化。我们必须重新审视一切。当然，没有人会取缔专业化，因为专业化至关重要。但是，我们越来越需要用一种系统的观点去看世界。我们需要的不是一个视野狭窄的哲学家，而是一个深刻理解全球化整个进程的哲学家。这也是时代的迫切需求。

　　人们的知识储备在急剧增加。那个哲学家和思想家用一种思想就能阐述整个宇宙的时代已经成为历史了；那个伟大的普济主义者和百科全书式的伟人在各个知识领域都能够有伟大创举的时代，确切地讲，也一去不复返了。这一点并不足以为奇。不过，我们依旧迫切需要从概念上组织并整合有关世界的知识，必须有大量的研究人员致力于此。与其他认识世界的方式相比，哲学在这方面具有很大的优势。埃尔温·薛定谔准确地指出，对于一个人来说，完全掌握一门科学中哪怕是一小部分的专业知识也几乎是不可能的。但同时，总要有人勇敢地把现实与理论联系起来[①]。另一方面，我们必须要了解一种刚刚出现的现象，那就是科学和哲学中常常会遇到一种狭隘的专业化以及各种严格的界限，想跨越这些界限是很难的。这种离散的世界观在 20 世纪达到顶峰，它在人类的思想史上并不能总是起支配作用。相反，对各种知识的渴求还是占据优势的。正如薛定谔所言："了解知识的高等机构叫作大学。这个名字提醒我们，多个世纪以来，知识的通用性是唯一的，是值得我们充分信任的。"[②] 作为哲学工作者，我们都知道趋势不是永恒的。因此，在研究中回归普遍主义，（当然，这种研究建立在不同于早期的方法论基础上）不仅是可能的，而且很可能是不可避免的。这种趋势已经开始增强，并且很快就会变得非常明显。全球化的世

---

① ［奥］薛定谔：《什么是物理学角度的生命？》，莫斯科，1972 年，第 10—11 页。
② 同上书，第 11 页。

界需要全球化的知识。

智慧发展的历史告诉我们，社会意识的形式先是达到顶峰，然后就会失去价值。我们谈的不是曾经完全掌控了人们的思想和灵魂的宗教。我们看到，文学艺术、电影等多种艺术形式不断丧失掉了自身的社会价值。遗憾的是，一直都是科学界女王的哲学，如今享有的光环相比过去也暗淡了不少。我们看到，后现代主义试图揭穿历史，几乎将其视为一种虚构。也就是说，后现代主义把历史看作是一个实际上可以发生各种讨论的领域。事实上，历史如今已经成为一片进行各种幻想和猜测的土地，甚至比以往任何时候都有过之而无不及。而这在很大程度上是因为历史学家的兴趣变得庸俗了。除了一小部分专家学者之外，有谁会对早已消失的社会感兴趣呢？如果不加以概括，历史事实是那样的晦涩难懂。社会意识形式假如不善于变化和调整，便无法适应时代的精神和技术的发展，它就会失去价值。哲学应该认识到这一挑战，也应该明白，如果信息流急速增长，那么我们就需要一种全新的总结概括的方式。全球化为哲学提供了一个极佳的机会来提高自己的地位和权威性，也为解决人类普遍存在的问题提供了全新的解决方案。

全球化会产生许多结果。在这篇文章中，笔者只谈两个结果。第一个结果与国家主权的转变有关。第二个结果与美国和西方国家的衰落，以及新兴国家（首先是中国、印度和许多其他发展中国家）的崛起有关。旧有的国际秩序岌岌可危，甚至将分崩离析，取而代之的是一个全新的世界秩序。

但是通向新秩序的道路是曲折的。现在显现的仅仅是一个大致的轮廓。下面我们将探讨的问题是，新的世界秩序在形成的过程中，哲学将面临哪些机遇和任务。

全球化是一个曲折且矛盾的进程。大国在全球化进程中烙下了自己的印记，试图利用它来保护本国的国家利益。当然，全球化过程中最自私的利益集团无疑就是美国，它的出发点是"什么对美国是有益的？什么对整个世界是有益的？"这种思想。我们认为，美国越来越自私自利。它不承认共同利益，也不承认其他迅速崛起的大国的利益。美国和国际社会上越来越多的国家之间展开的斗争，将构成当今世界的主要矛盾。当前，特朗普上台之后①，二者的斗争变得尤为明显。美国忽视其盟友的利益，使得矛盾进一步扩大。事实上，美国已经开始放弃他们多年来推行的全球化进程。美国几十年来都在倡导自由贸易，时时处处都在坚守这个原则，而现在突然坚决反对这一原则，这显示出它其实感兴趣的是自身狭隘的利益。多年来，美国一直都在支持世贸组织的原则，而现在却突然开始忽视这个组织。美国经济学家反对贸易关税和贸易战，反对一切逆全球化进程的做法。我们还没有从美国哲学家那里听过类似的言论。毫无疑问，美国国内哲学的任务是维护美国的国策，把握美国在当今世界中扮演的角色（令人遗憾的是，这个角色变得很负面），预判实现真正全球化的全新途径。在全球化时代，民族哲学的一项任务是：摆脱政治束缚和

---

① 文章写作于2017年，是时特朗普仍是美国总统。

意识形态的烙印，消除民族间产生的误解、恐惧和怨恨，秉承真正的哲学精神，把全球化视为一个全人类发展的进程。民族哲学（也是哲学）的另一项任务是考量国家在全球化进程中的位置，但一定要把国家看作是整体的一部分。

因此，就当前的国际关系和政治意识形态来看，全球化已经达到了一个极限。全球化进程开始萎缩，并且是在自己的中心区域（即在美国）开始萎缩。以前，美国要求别国牺牲国家主权、消除贸易壁垒。但是，哲学家决不可以说出"全球化进程已经结束了"这样的话。结束的只是全球化的某个阶段。如果全球化只是呈线性发展，那就非常奇怪了。复杂的辩证过程不是以这种方式发展的。潮起之后是潮落，但潮水退去之后永远不会回到最初的原点。一段时间之后，潮水会再次涨起，而随之形成的将是一个全新的国际秩序。

近三四十年间，全球化对世界秩序体系产生了重大影响。起初，战后秩序被摧毁。之后，全球化使得美国和整个西方世界确立了霸权地位。再接下来，全球化调整了世界经济体的平衡关系，开始向有利于发展中国家的方向倾斜。但是，经济平衡关系的变化，并不会让军事政治力量发生变化。形象点说，为了实现全球化这个目标，必须将世界中的政治部分（政治全球化）拉进经济部分当中。很明显，经济高于政治。不把政治融入全球化，进一步的发展将会举步维艰。缩小经济全球化和政治全球化之间的差距，这个必然出现的过程我们称为世界体系的重新配置。因此，迟早会形成一个全新的世界秩序。但需要指出的是，将政治部分拉进经济部分这个过程可以一蹴而就地完成，但某些地区因此可能会发生严重的政治危机和地缘政治危机。我们研究了近期在中东和乌克兰发生的危机和动荡事件，分析了英国（脱欧）和美国（特朗普当选美国总统）出现的政治危机，这些"重新配置"导致的危机同时也变为了地缘政治危机，国际秩序也因此发生了变化。将政治部分拉进经济部分的过程，会导致世界在相当长的一段时间内（也许是二十年）处于一个动荡不安的状态：危机四伏、剑拔弩张。世界上将会出现不同寻常的新型联盟和同盟。所有这些事件发生的前提条件是美国的领导地位被削弱。然而，近期发生的一些事件表明，美国绝不会心甘情愿地让位。

2008 年，著名政治学家、国际新闻周刊编辑法力德·扎卡里亚认为美国有两种可选方案。美国可以巩固现有的国际秩序，并通过与新兴大国合作，将后者变为美国权力和特权的一部分。或者，美国也可以坐观自己 60 年来构建的世界秩序，由于其他国家的崛起而导致的民族主义倾向和分裂局面，一点一点化为碎片。但美国几乎没有从危机中恢复过来，它选择了第三种方案——削弱竞争对手的力量，从而保持唯一超级大国的地位。近期的事件表明，美国开始亲手摧毁自己多年创建的秩序。这加剧了局势的动荡。为了美国的妄自尊大，世界会付出多少代价。但美国似乎并不在乎这一切。

局势变得异常复杂。一方面，没有一个国家具备美国现在拥有的巨大领先优势，从而取代美国的霸主地位。世界在某种程度上关注的是美国的软领导，而绝不是它的独裁统治。独裁统治指的是千方百计打垮竞争对手。因此，当今世界的发展趋势是建立一个全新的、没有霸权统治的国际秩序，尽管这个国际秩序可能会包括某些实力派的强权大国。为了构建这个秩序，必须要找到并制定原则和条件，创造先例，进行必要的联合。当然，寻求建立世界秩序新基础的道路艰难而曲折。正因为如此，在通往世界新秩序的道路上，乱流、冲突、不稳定，以及新秩序内部不同派系之间的相互争斗，种种因素会陡然上升。正因为如此，想要建立这个新秩序，就需要智慧，需要美国（首先是美国）和其他所有国家的妥协。可令人遗憾的是，到目前为止我们还没有发现这种智慧。相反，美国人不惜一切代价维护自己的领导地位，这种做法导致出现了很多的阻碍和危机（有些领域是可以避免出现这些问题的）。

新世界秩序的形成是一个复杂的过程。而在认识全球化进程、全球化结果、国际新秩序的构建方式和后果等方面，哲学也面临着挑战。毕竟，改变既定的条件、价值观和意识形态会引发复杂的问题和矛盾。让人遗憾的是，进步与退化总是并行出现。因此，我们看到的进步现象，通常具有极强的破坏性。由于全新的认同感的出现，再加上许多国家加入了超国家联盟，像爱国主义这样重要的道德理念和意识形态价值观往往被削弱了。然而，全球化虽然打破了以前的价值观，却并没有相应地建构起一种被大众普遍接受的全新的意识形态。也许，这是西方国家的全球化方案未被西方以外的国家采纳的主要原因之一。在构建国际新秩序的道路上，全球化正在打破旧的秩序。这个旧有的国际秩序在国家体系内仍然是完全有效的。遗憾的是，打造新秩序比破除旧秩序要慢得多，因此当代世界出现了越来越严重的混乱局面。

无论是过去还是现在，社会都是以各种民族和文化形式存在的。但哲学一直在寻找人性的共同特性和基础。如今，借助全球化进程和强大的信息互通，我们已经向全人类的统一迈进了一大步。但是，我们离统一还很远。因此，忽视民族独有的文化特征、历史特征、精神特征以及其他方面的特征，是万万不可行的，也是很危险的。正因为如此，世界新秩序的建立不能仅考虑西方传统，更不能唯美国马首是瞻。在世界局势动荡、紧张的情况下，我们应该看到，需要为世界新秩序的建立提供更广泛的基础。自然，哲学工作者需要创造力来寻找构建世界秩序的全新方法和原则。新思想可能不会被立即接纳，但新思想迟早会有自己的拥护者。我们希望，哲学能够促进下面这种思想的发展：牢固的世界新秩序，能够把各民族的不同发展方向和精神领域的成就有机结合起来。在这方面，民族哲学能够让新建构的世界秩序比现在的秩序更强大、更人性化（因为哲学家非常善于奠定基础）。我们相信，世界各国的哲学工作者会积极应对这一挑战。

哲学文化是"另一种全球化"

［俄］普鲁日宁 Б. И.

（《哲学问题》杂志社）

［俄］谢德琳娜 Т. Г.

（莫斯科国立师范大学，

《哲学问题》杂志社）

如今，当我们谈起全球化进程这个话题时，通常会讨论它给世界带来的诸多负面影响。这种对全球化的消极态度，在人文领域有着广泛的基础。首要原因是全球化确实会消除民族差异，而且能够加快统一化进程和技术标准化进程。一些人数较少的民族觉得全球化极度危险，他们的文化虽然具有深厚的历史渊源，但却受到全球化变革的影响。不过，全球化进程却给文化发展带来了不一样的机遇，这一话题在当下具有不同寻常的意义。

在这篇文章中我们想表明，在世界文化的历史中，人类一直致力于普遍性，却又不排斥多样性。特别是，这种进程是在哲学文化的传播中发展的。我们在这篇文章中把这类进程称为"另一种全球化"。我们为什么要把传播哲学文化的过程视为全球化呢？因为我们认为，哲学作为一种文化现象，在众多方面是统一的，最初（在希腊、印度和中国）哲学文化追求一种普遍性。也就是说，哲学文化试图编制一种语言，从而以不同的方式理解整个世界和人类。古希腊罗马时期的形而上学就曾充当这种语言。而今天，在欧洲的传统意识中，希腊语和拉丁语被认为是一种哲学用语（希腊语和拉丁语是构成世界哲学文化基础的语言）。

当民族和民族国家开始形成时（也就是从文艺复兴时期开始），民族哲学也就出现了。但问题不在于术语的变化。有许多实质性特征，让我们不能将古希腊罗马哲学或中世纪时期的哲学（如中国哲学、印度哲学、欧洲哲学或阿拉伯哲学）定义为民族哲学。其中最重要的原因是，这些时期的哲学没有关注各民族的文化历史经验。（哲学家是在各个民族当中进行创作的。）古希腊罗马哲学原则上没有研究文化历史经验。古希腊人的生活经验代代积累、代代相传，主要表现在神话作品和史诗作品当中。而哲学传承的方式却大不相同，其建立在书面文字基础之上。哲学借助书面文字，把哲学家之间就某个话题所进行的交流和谈话（直接或间接的方式）记录下来。

古希腊罗马哲学的基础，源于古希腊哲学家关于真实存在的文本，这个真实存在超越了人类视觉所及的范围。马丁·海德格尔充分肯定了一点：存在的问题和巴门尼德关于存在问题的解决方案，决定了西方世界的命运。原因在于，文化引入了一种理念，那就是在可见事物范畴之外存在一个可被认识的，一个绝对的、永恒的、不变的、自足的世界，这个世界丰富了人类存在的含义。古希腊罗马哲学研究的是永恒的世界。在广袤的地中海地区，各民族之间的日常生活，以及生活中存在的问题、经验、规范和条件自然各不相同。不过，这些问题不在古希腊罗马哲学家的兴趣范围之内。哲学告诉人们如何生活，但如果按照哲学的方式去生活，需要脱离这个世俗的世界。

中世纪哲学在自己原有的基础上，增添了圣经和神父撰写的文本，并加强了各区域语言的多样性（拉丁文、希腊－拜占庭文、阿拉伯文、中文、印度文）。不过，该时期的哲学在研究文化原理时，没有阐述各民族的具体文化历史经验。中世纪末期，当民族的雏形开始显现，民族语言开始渗入文化活动（特别是认知活动和智力创造活动）的时候，哲学开始转向研究文化历史经验。这一切发生在文艺复兴时期。正是从文艺复兴时期开始，我们才可以说，出现了苏格兰哲学、英国哲学、法国哲学、德国哲学等。从那时起，民族哲学与哲学之间的关系问题就变得越来越清晰。而这个问题决不可以归结为个别与一般，或者特殊与一般之间的关系。

民族哲学与哲学之间的关系（如"另一种全球化"）乍一看很简单。一个民族（或民族共同体）的哲学自我意识，是民族意识的一个元素，它形成于该民族的真实历史进程之中，具有这个民族的全部特征。哲学自我意识包括使用语言记录下来的知识和文化传统，因此是一种民族历史经验的独特体现方式，是一个民族在哲学范畴内对于自己命运、历史和文化的思考。所有这些所体现出的思想，融入（或没有融入）了全人类的历史传统，并从（人类）最有前景的发展方向概括了人类的经验。与此同时，全人类的哲学传统是否会接纳某个民族的哲学，起关键作用的是哲学家与哲学家之间的相互影响和相互交流，以及传统与传统之间的相互影响。换句话说，关键在于这个民族的哲学是否能够把握传统、融入传统，是否能够丰富其他民族的经验，成为核心的普遍意义。把民族哲学引入哲学的过程中，出现的主要问题是保护历史和文化的传承性。民族哲学具有自己的特色，但不能破坏传统，其应该（甚至是批判性的）与哲学史一道，共同促进形成一般性的哲学语言。民族哲学和民族哲学中蕴含的思想和宗旨应该是相称的。所有这一切都直接源于黑格尔的思想，但确切地说，是源于形式化的黑格尔。

如果回顾哲学史，我们就会发现哲学思想（被黑格尔形式忽视掉的思想）发展过程中一些有趣的特征。顺便说一下，既然我们已经谈到黑格尔，就有必要指出，德国在黑格尔时期并不是欧洲最先进的国家，但恰恰是德国认识到并形成了那个时代的哲学经验。在哲学发展进程中，被黑格尔形式忽视掉的，对我们而言又非常重要的一点，是哲学作为一种文化现象（如"另一种全球化"）所体现的一个内部原则性问题。换句话说，也就是各民族的哲学在哲学发展过程中起到的重要作用。俄罗斯哲学家古斯塔夫·古斯塔诺维奇·施佩特也关注了这个问题。他给自己设定了这样一个问题："民族哲学是什么？"然后回答说："民族哲学……不取决于人，而取决于问题的统一性和问题之间的相互协调……"施佩特的思想解决了一个难题，那就是融入世界哲学的民族哲学，绝不是文化和社会高度发展的时期形成的。一个民族可能不是最先进的，但正因为如此，它能够敏感地认识到一些问题。这些问题是文化在整体发展过程当中出现的，也是发达地区在实际发展过程中遇到的。换句话说，如果发展的前景被视为一种问题，被视为关涉人类的重要问题，哲学就会得以向前发展。这里，我们必须针对哲学进行一番题外论述。

回顾哲学，占据其首位的是映射结构，即生活中各个领域的思想结构。无论是自然哲学、方法论方面，还是社会规划或者道德要求方面，思想结构都占据着自己应有的位置。此外，我们还要注意一点，那就是哲学是一种批评，一种对规划的批评，对感知物的批评。但是，除此之外，我们也关注到了哲学的特殊性，这个特殊性现如今有着重要的意义。哲学的作用就好比是自我意识的形式和人类的自我认同形式。当世界分裂为外部世界和内部世界的时候，我们对哲学就产生了需求。而且在社会急速变化的时期，世界的分裂就会加剧。在这方面，一旦我们熟知的规范以及让生命充满意义的规范不存在了，哲学当中的所有问题就都会指向失去了意义的生命。这时，哲学便要去寻觅人类存在的意义，然后提出各种方案，并对这些方案进行批判。哲学先是寻求人类存在的意义，然后再据此设定问题。民族哲学就是在寻找让生命充满意义的存在形式。在这种存在形式中我们要思考的是，那些在社会发展进程中被甩在后面的地区，它们遇到了哪些问题。找到自我，这就是问题的所在。每个时代都以自己的方式提出这个问题。对于当时落后的德国而言，重要的是要在繁荣的法国背后发觉自我。德国人在德国哲学中找到了自己，达到巅峰的是黑格尔。而今天呢？

核心问题是人类生命的意义。这不是一个抽象的问题，它始终与认识人类的行为、寻找人类存在的真实本源、探究"我"的本质（人类是什么）以及人类的真实存在有关。当哲学的关注点落在人（这个人不是永恒的人，不是希腊城邦的理想公民，也不是基督教的上帝，而是社会中的人）的真实存在这个问题上的时候，哲学在分析不同的社会和不同的语言时，其共同基础就会被具体化。在这种情况下，人类存在的真实本源和应有基础，就会在多样性的背景下显现出民族特征，并开始聚焦于哲学（形而上学）的某些方面。在一个关于世界是什么、人类是什么、人类生命的意义何在的精神对话中，哲学家会引入一些问题，来理解人类存在的特定社会形式的真实多样性。于是，人类的自我认同属性、自我意识、维护自"我"这些问题，就被摆在了首位。这个问题在当今技术全球化的时代变得尤为尖锐。

全球化是一个客观发展的进程，是各民族和人类所经历的一个进程。全球化这个问题是一个失去认同感的问题。全球化是一种文化互动，是全人类所具有的共通文化。因此，全球化进程不存在相互影响的问题。每时每刻都有现象会相互施加影响。在此背景下，我们要认识到，我们所面临的形势既复杂又矛盾。世界在不断变幻，我们必须要进行自我保护。我们有意识地去评估自己所经历的进程，这个进程可能是自我意识的危机，这个进程可能会削弱民族解放的动力，会从遗传基因上磨灭掉记忆。也就是说，今天，我们比以往任何时候都更深刻地感到，我们正在失去那些曾经决定民族精神、民族心理、民族生活方式的属性。在保护独特性的道路上，我们一直都在探索，为什么几个世纪积累下来的独一无二的内心经验会失掉价值。

预测类似进程的发展特征是非常困难的。但是，某些民族心理意识上极具代表性的变化是真实存在的，这一点不可否认。当下，全球化进程日益凸显，超级大国的地缘政治对抗也在加剧，本土文化的特征和利益与技术统治文明两者之间互不相融。在这些因素条件下，我们需要保护本民族的文化历史认同感。因此，社会以某种方式应对这些挑战是很自然的。今天，各民族正在重新定位传统礼仪，竭力消除混乱的文明现象，为今后文化的全面繁荣找寻沃土。

为此，我们重新查阅档案资料，寻找将我们与历史传统联系起来的线索。今天，我们正在重新思考我们的人民不惜生命世代追求的理想模式。在我们的社会政治国家体系中，历史、语文、哲学等领域的知识阶层通过最基础的工作，打造了坚定的世界观，这个世界观就是文化独立的基石。历史哲学的观点让我们再次认识到了先辈积累的精神经验。知识精英阶层打造了文化层面的理想，为公民社会（公民社会是实现理想的一种形式）和民族的繁荣发展创造了条件。与此同时，产生了以下问题：我们现代人的精神基础有多么牢固？如果当代社会普遍的价值观与民族文化没有充分融合到一起，应该采取哪些措施，以确保道德伦理准则成为这种价值观的基础？

在这种背景下，哲学文化作为"另一种全球化"（有2500年的历史），其有效经验是显而易见的。从这个角度来看，至少在当代全球化框架内，这个问题几乎不成立。但是，正是从民族根源生长出来的哲学文化，才能够促进当下的民族自我认同，才能够在技术全球化的时代，凝练出民族语言中具有普遍意义的因素。

当代全球转型背景下的哲学

［俄］ 列什克维奇 Т. Г.

（顿河畔罗斯托夫市南联邦大学）

在全球化背景下，多极化世界的理念引起了很大共鸣，而且多极化世界强调民族文化的独特性。特别值得我们关注的是，在这种背景下，哲学就是一个"被思想把控的时代"，它包含了民族世界观的形象。全球化的世界在技术上发生了转变，因此本文的主要思想是分析全球转型时期的民族哲学的优先性。有鉴于此，我们需要关注以下特征。首先，民族哲学一直以来都在揭示发展的辩证矛盾。其次，俄罗斯哲学家的兴趣点在于技术飞速发展所带来的人类学后果。研究人员担心，技术正在"盲目"发展，并且一直以来都不受人文社会的控制。

在这种情况下，有一个问题就显得至关重要：在当代全球转型的影响下，民族世界观应当作何改变。事实上，全球化正积极步入数字化时代。数字化可以大大加速时间的相互作用，让时间系统化。一次点击足以进行大规模交易。数字化时代在"与空间进行博弈"的同时，形成了一种规范——无须进行空间移动！计算机使人类可触及的范围大大拓宽了。借助计算机，人类能够完成大量的操作过程。此外，个人的成功也和"数字化技能"直接相关。俄罗斯研究人员一致认为，未来，如果一个人不具备基本的数字化技能，他就不能反映出当代的精神实质。

同时，对数字化时代进行分析，有助于揭示一系列悖论。一方面，数字化环境是进一步发展的真正基础。另一方面，我们这代人生活在信息高度负荷的环境当中，这会损害人的健康并严重影响人的心理状态。一方面，人作为能量机体的载体，其需求在减少；另一方面，人仍然是活跃的生物，是能够进行活动的生物。一方面，数字化时代正在为"信息监禁"创造各种条件；另一方面，任何人都有生理需求，人的本性要求机体的自然发展。俄罗斯科学家正在研究"交际"孤独现象。一个人沉迷于不断访问自己在互联网上留下的"痕迹"，这就是数字化时代的现实。社会上出现了这样一群人：他们过着隐居的生活，以电脑为生。

不过，另外一个特征也值得我们去关注。用技术创新的手段去填补私人空间，成了一种独特的标准。这个标准展示了人类应对全球化挑战的能力。21世纪，一个人如果成功掌握了新技术，那么他就不会觉得自己很薄弱。在线服务、在线交流、在线教育和在线医疗等方面的需求变得越来越普遍。

　　尽管如此，俄罗斯哲学对全球化交际本源的转型，还是持批评态度的。在电子互动方式的影响下，真实的人际交往正在减少。用文字体现的文化实践活动，被逐渐边缘化。人们借助表情和符号来表达情感和人际关系。由于互联网用户的语言不受任何文化框架的限制，讨论往往具有对立性。我想特别强调一点：俄罗斯学者认为，在线消息仅仅处于理性前的水平，也就是较低的、位于边缘的意识水平。善于思考的人必须理解存在的意义。对这些人而言，重要的是自我实现，是人际交往的自由和深度。

　　我们认为，需要通过研究民族哲学与全球发展趋势的相互作用，去分析民族哲学的地位。在这里，有三种类比方式是行之有效的。第一种是"新型社交网络"。在这里，民族与世界的关系可以被解释为一种特殊的"精神上的好客"。所谓的"有重要意义的他人"扮演着关键角色。"他人"是一种"挑战"，还能够促进发展。与此同时，民族形象总是含有固定的刻板印象。某个民族的人，总是会从业已形成的本体构造出发去感知世界。毕竟，民族汲取着"母亲的奶水"，它"不像游牧民族一样迁徙"。民族哲学体现了民族的同一性，融合了理性思维、民族智慧、遗传记忆、民族价值观和存在的社会历史条件。俄罗斯哲学、中国哲学、德国哲学、法国哲学和其他国家的哲学仍然有自己的价值。这些国家的哲学有自己的知识传统，能够影响到自我意识的形成。重要的是，民族哲学之间从来没有斗争过，它们不仅能够在对话中共存，还能够用变幻多彩的形式来丰富哲学智慧。

第二种类比把社会等同于一个有机整体，而民族哲学则是一个免疫系统。民族哲学是一种独特的保护外壳，它能够保护精神传统和独一无二的文化习俗。民族哲学使用一套意义系统来复制自我。有一点很重要，那就是民族需要一个合法的形式。"全球本土化"这个术语的出现并不是偶然的，它是全球化一词的补充。全球本土化强调自我价值的表达，突出自我的独特性，注重历史资本和文化资本。在21世纪，"全球化—全球本土化"的二分法体现了"普遍主义者"与"独特发展论者"之间的矛盾。拥有高速度和高科技的世界确实是一种优势，但是，丢掉区域文化的价值等于丧失免疫系统。

第三种类比体现了"颗粒状介质"的特性。这种类比的优点在于揭示了识别性颗粒的存在，以及颗粒在与介质碰撞时溶解的可能性。如果说在林林总总的民族处世态度中，民族哲学旨在重构存在经验，那么全球化带来的是对区域文化的"破解"，是一种针对认同感的特殊"漂移"。在全球化的影响下，人们所生活的世界正在改变。"全球化浪潮"以其统一的影响力，化解了民族特殊性这个"颗粒"，改变了当代存在的首要任务。

俄罗斯哲学家支持这样一种假设，即人类行为的基本方案反映在文艺作品的情节当中。艺术揭示了人类民族精神的内在活动。艺术在视觉上体现了人类存在方案的多样性。对英雄人物命运的感同身受，有助于个人参与到情节丰富的现实和人际关系（用艺术语言来体现）当中。艺术形象具有丰富的情感资源，它将那些从逻辑上无法证实的规范和规则引入到了个人的意识当中。

通过分析，我们可以得出结论：和全人类的价值观体系一样，丰富多样的民族哲学构成了人类的社会资本。民族哲学是对话的条件，是精神沟通的基础。民族哲学反映了人类存在的特性，探讨了复杂的社会文化现实，是全人类的文化宝库。俄罗斯哲学家的反思经验是：融合不同的世界观，重塑当代世界的整体形象。这种"大融合"将情感与理性、意识形态与实践相结合，展现了真正的人类价值。第二十四届世界哲学大会以"学以成人"为主题思想，用一股新的力量，提出了众多与当代存在相关的重要问题。

俄罗斯与邻国的文化关系

［俄］叶先金 Б. С.
（"图书地球仪"贸易之家有限责任公司，
非营利性机构"图书爱好者协会"）

哲学是文化的重要组成部分，始终能够反映出其所在民族的文化特征。与此同时，世界上每一种文化和文明体系，都有自己的结构和优先发展的系统。在古希腊罗马时期，自然哲学处于主导地位；在中世纪时期，自然科学的研究是围绕着技术进行的；到了工业化时代，占据优势地位的是自然科学和技术科学，主流的统一文明具有人文智慧的特征。正是这种特征有助于我们在急剧变化的进程中，认识社会内部结构的关系，把握社会与自然资源和环境之间的相互关系。

目前，社会科学与环境科学占据着主导地位，二者研究的是社会发展的基础和前景以及社会与自然的相互作用。通过各种信息源所获得的知识，能够帮助我们对某些客体进行持续的观察。现如今，新闻出版业能够融合各种不同的方法来制造信息流，其正在成为一种基础性工具。新闻出版业在文化、科学、技术、社会和经济社会发展领域发挥着重要作用，能够积极推动构建社会意识。

通过各种出版物、电子刊物以及其他来源获取的突破性信息，源于企业的积极有效的活动。内容、形式的水平以及其他特点，都指向这类信息的有效性。这不仅是一种企业（商业）活动，它首先是科学家、作家、教师、文化工作者和其他脑力劳动者在各个科学领域完成的积极且有针对性地创新性突破，正是这些人创造了民族精神财富。

当下，为了提高信息的有效性，需要用哲学的方式进行认知。信息环境对社会潜意识会施加一定的影响，而信息的形式和机制要求科学对这种影响进行最深刻、最详细的分析研究。因此，我们即将迎来一个真相，那就是21世纪的信息和根本变革会带来巨大的影响。有一个现象很奇怪，但却是事实：现阶段科技进步的特征是，科技革命渐渐演变为信息技术革命。这个现象具体体现在：通信水平提高了，距离拉近了。然而，相互关系中的语言平衡和交际过程中互通的术语，能够通过哲学、信息、知识、科学与实践，确保不同类型的人际对话的完整性。从人类文明的轴向进化时间开始，科学就成了文化和社会的一个重要且不可分割的组成部分。但是，将文化与社会融合到一起的，却是哲学和具体的科学知识。知识在很大程度上是思维活动的结果。

21世纪，新一轮的人类圈开始渐渐成形了。科学涵盖了所有类型的人类活动，也改造着文明的全部基因。在伟大的科学革命面前，文明的面纱被渐渐揭开。科学革命体现了时代的创新，体现了21世纪的科学技术革命。所有这些都展示了社会各个方面顶级的科技水平，也展示了社会在更广泛基础上的协调水平。这种规律是文明周期的更替，它能够在新科技革命以及时代创新浪潮（创新浪潮奠定了通往新型技术和经济制度的道路）的基础之上，摆脱文明危机。新的科学革命具有一些特征，它首先会在中国、日本和韩国（21世纪的科学革命中心将转向东方）这样的先锋国家爆发。新型社会科学知识的中心环节，是建立全新的统一科学——文明学（有关文明的科学）。文明学综合了社会学、历史学、文化学、法学、政治学、生态学中的新方法，确定了向人文智慧文明和稳定的多极世界格局过渡的前景，加强了先进科学与各级政府（包括国家政权、国家间的一体化组织、全球性机构和联合国领导下的机构）之间的相互联系。

人类意识和文化的完整性，从本体论角度而言，构成了上述各种相互关系的基础。

每种现代化通信形式，都是通过各种大众传媒实现的。通信形式取决于具体的历史条件和物质技术条件。将个人意识的产物转化为社会意识的产物，这个过程的本质是不变的。这个过程的统一性，能够确保各个环节之间的密切联系，能够维护大众传媒所有形式稳固的统一体系。该系统在新闻出版业与文化之间架起了一座桥梁。因此，信息可分为语义信息、实物信息（其内容通过意识反映出来，并通过"语言"的方式组织起来）。还有一种信息，其内容通过意识反映出来，并通过物质生产组织起来。组织方式包括刊物、广播、电影、电视和其他现代大众传媒和通信手段。通过物质生产来组织语义信息的过程是一种物质文化，而通过语义手段——"语言"——来组织语义信息的过程则是一种精神文化。精神文化的内容有文学、音乐、形象艺术等公共意识的形式，而精神文化的形式是一种体现社会和大众传媒系统的方式，如写作、书籍、图书事业、刊物、广播、电影、电视以及所有在线的"嗒嗒声"。反映过程的本身，是社会交往或社会联系过程（将文字作品转化为刊物；在时间和空间里的移动）的本质。社会的稳定发展，通常建立在社会生活各个方面的持续改革的基础之上。书籍是传播知识和思想最有效的工具，而阅读是推动人类思想发展、信仰发展，推动人们参与社会生活最积极有效的方式。因此，无论是完善专业人士的知识体系，还是完善个人对周围世界的看法和态度，阅读都是一个决定性的因素。21 世纪，阅读是最理性的休闲方式之一。书籍作为一个文化要素，具有多功能的特性。在这个问题上，书籍有三种功能：书籍是一个文化因素；书籍是构建社会价值观和制定文化原则的工具；书籍是从时间和空间上传播社会精神和文化价值观的手段。

现如今，我们利用在线媒体解释所有的问题。我们落入了一个陷阱，而且无法自拔。我们的视线受到了干扰，无法对时事做出正确的评估。

必须加强联合国教科文组织在提高科技密集型教育水平方面的作用，强化科技密集型教育与科学和现代化信息技术的联系。应当在联合国教科文组织框架内构建一个体系，一方面评估并保护世界文化遗产，另一方面保护、丰富并传承世界科学遗产。此外，还应当通过分析科学文化遗产的关键要素，打造一个融合科学博物馆、互联网网站以及电影的网络，形成一个全新的科学文化模式。

苏联时期，书籍曾经用来抚慰心灵。我们曾在书海中畅游，书籍能够塑造我们的个性，让我们渐渐清醒。在全新的信息环境中，信息和知识（科学）是关键资源。所有这一切给我们的社会提出了一系列至关重要的问题：如何确保纸质书本和电子书本合乎要求？如何在这个革新的时代推动信息繁荣？也许，在当代社会哲学系统当中，建立创新型理念模式的时代已然到来。我们把创新型理念模式理解为一个抽象概念，因为我们还没有完全走上哲学和社会人文认知的道路。我们还没有学会用哲学的方式去认知后工业化社会中的科技进步，去分析研究这个复杂的多极世界中的个体问题。首先需要强调的是，人是一个能够进行自我调节的多功能活体组织，处在一个统一完整的、创造性的、逻辑性提的、建设性的循环当中。人类位于科学技术进步浪潮的最顶端，能够迅速有效地解决关于向新型数字化分析时代过渡的问题，能够及时彻底地推动结构性转变，能够在不断变化的外部环境中找准定位，能够在难以捉摸的信息流中迅速找到解决方案。

随着时代的发展，数代人积累下来的科学知识在不断扩展、不断转化。科学知识促进了文明的稳步发展，丰富了自然生产力（人类将自然生产力纳入再生产过程，加强了自己对自然环境的影响）的结构组成。